L'intelligence économique

Techniques & outils

Éditions d'Organisation
Groupe Eyrolles
61, bd Saint-Germain
75240 Paris cedex 05

www.editions-organisation.com
www.editions-eyrolles.com

© Groupe Eyrolles, 2004, 2009
ISBN : 978-2-212-54306-3

François Jakobiak

L'intelligence économique

Techniques & outils

Deuxième édition

EYROLLES

Éditions d'Organisation

Du même auteur

Aux Éditions d'Organisation

- *Maîtriser l'information critique*, 1988.
- *Pratique de la veille technologique*, 1990, 1991.
- *Exemples commentés de veille technologique*, 1992.
- *L'intelligence économique en pratique*, 1998, 2001.
- *L'intelligence économique, la comprendre, l'implanter, l'utiliser*, 2004, 2006.
- *De l'idée au produit, veille, R&D, marché*, 2005.

En coopération : *Tableaux de bord, pour diriger dans un contexte incertain*, sous la direction de G. Balantzian, 2004.

Chez Dunod

- *Le brevet source d'information*, 1994.

Aux Presses universitaires de France

- *L'information scientifique et technique*, Que sais-je ? n° 3015, 1995, 1996.

Sommaire

Introduction

*« Tantôt assimilé à l'espionnage économique, tantôt à des méthodes
classiques de traitement de l'information stratégique au bénéfice
des seules entreprises, le sujet de l'intelligence économique n'a
pas eu en France le succès opérationnel qu'il a rencontré
dans l'ensemble des nations occidentales. »*

RAPPORT CARAYON 2003 (1).

Le concept d'intelligence économique n'est pas très parlant pour les
non-initiés. Lorsque j'interroge mes étudiants de troisième cycle sur
la signification de ce terme, ils sont tous très embarrassés pour
répondre. Pour ceux qui en ont une petite idée, elle tourne le plus
souvent autour de notions de renseignement, d'espionnage, de surveillance plus ou moins saine des concurrents.

L'ambiguïté tient au côté multiforme des activités intégrables dans
l'intelligence économique, et les articles des périodiques économiques
ne font que refléter l'éclectisme de notre discipline. En effet, les
acteurs principaux, actifs, sont des ingénieurs et scientifiques élargis-
sant la veille technologique, des commerciaux ou financiers renforçant
leur veille concurrentielle, des militaires spécialistes du renseignement,
des policiers spécialistes des enquêtes et de la maîtrise des risques, et
aussi des juristes apportant leur compétence notamment pour l'édic-
tion de règles d'éthique et de déontologie. Parmi les autres acteurs, il
faut citer les consultants, indépendants ou organisés en cabinets, les
fournisseurs d'information (les « brokers », courtiers en information),
les journalistes et bien sûr les enseignants spécialisés.

Pour clarifier les choses et surtout pour donner une impulsion nouvelle à l'intelligence économique en France, une mission a été confiée

à Bernard Carayon, député du Tarn, par le Premier ministre, Monsieur Jean-Pierre Raffarin, neuf ans après la publication du rapport Martre, *Intelligence économique et stratégie des entreprises*, dans le cadre du XIe plan (2).

Si le rapport Martre visait essentiellement les entreprises, il n'en est plus de même du rapport de Bernard Carayon, *Intelligence économique, compétitivité, cohésion sociale* (1), qui préconise une intelligence économique clairement pilotée par l'État pour relever les défis liés à la mondialisation et à la révolution de l'information engendrée par Internet et la numérisation généralisée.

À côté de l'intelligence économique d'entreprise, largement mise en pratique dans les grandes entreprises internationales ayant leur siège en France et dans les filiales françaises de grandes entreprises étrangères, américaines notamment, mais encore ignorée de beaucoup de PME, apparaît clairement la volonté de développement permanent d'une intelligence économique territoriale qui concerne les administrations centrales et les régions.

C'est à ce niveau que la politique nationale entend donner une vigoureuse impulsion en visant, pour reprendre le terme de Bernard Carayon, l'émergence d'un véritable patriotisme économique.

La nomination d'Alain Juillet au poste de haut responsable chargé de l'intelligence économique a traduit dans les faits cette volonté politique : elle s'est manifestée par un certain nombre d'actions de préservation de nos intérêts nationaux, actions que la presse généraliste et la presse spécialisée ont largement mentionnées.

Parallèlement à ces actions politiques et économiques, Alain Juillet s'est attaché, dès 2004, à organiser ce qui, en amont, est essentiel : la formation de spécialistes de l'intelligence économique, comme nous l'avons indiqué dans notre livre *L'Intelligence économique, la comprendre, l'implanter, l'utiliser* (3).

Il a contacté, dès mars 2004, un certain nombre de professionnels de l'enseignement de l'intelligence économique pour « déterminer les personnalités les plus à même de contribuer à une réflexion relative à la formation à cette matière en France ». Après avoir pris leur avis, il a créé, en avril 2004, une commission consultative sur la formation à l'intelligence économique. Le résultat de ses travaux a été présenté au groupe de travail interministériel relatif à l'intelligence économique, qui a étudié ses modalités de mise en œuvre avec les universités, les grandes écoles et l'Éducation nationale. Le *Référentiel de formation en intelligence économique* (4) émanant de la commission consultative a été publié en février 2005, et officiellement présenté à l'École militaire en mai 2005 par Alain Juillet et les membres de cette commission.

Ce référentiel structure l'intelligence économique en cinq pôles, comme le montre en détail le chapitre 1. Ayant été rapporteur du pôle 3 « Management de l'information et des connaissances », j'ai ressenti le besoin de développer, dans le présent livre, ses éléments constitutifs dans un but très pratique : montrer les techniques et les outils à utiliser pour réaliser cette maîtrise qui comprend la gestion (recherche, acquisition, diffusion), l'exploitation (analyse, validation, synthèse) et « la production des connaissances opérationnelles indispensables à la prise de décision et au pilotage stratégique des organisations, mais également des connaissances contextuelles. »

En 2007, Bernard Besson, adjoint du haut responsable chargé de l'intelligence économique au SGDN, a lancé l'Outil commun de développement pour l'intelligence économique, l'OCDIE : il permet de créer et de diffuser des diaporamas explicitant chacun des cinq pôles du référentiel pour une mise en application dans les entreprises, et plus particulièrement dans les PME. Dans le cadre de cette opération, j'ai proposé et présenté au SGDN en octobre 2007 les éléments constitutifs du pôle 3 « Management de l'information et des connaissances », et rédigé une brève synthèse, publiée dans un périodique de la presse spécialisée début 2008 (5).

Ce présent ouvrage est conçu tout à fait dans l'esprit du pôle 3 qui a pour objectif de « connaître et comprendre la méthodologie, les pratiques et les outils, et les mettre en œuvre au sein des organisations ».

Il apporte des réponses à la question : Je veux mettre en place un dispositif d'intelligence économique, puis le faire fonctionner, comment dois-je procéder ?

Afin d'expliquer la façon d'y parvenir, l'ouvrage présente les techniques et outils de cette partie centrale de l'intelligence économique pour une application en entreprise.

Il va plus loin en précisant les moyens d'implantation du dispositif puis les modes de pilotage qu'il convient de choisir, pour s'assurer en permanence que le système fonctionne, et pour mesurer périodiquement son efficacité.

Il ne faut pas considérer ce livre comme un ouvrage académique de culture et de connaissance, mais comme un manuel pratique proposant des solutions à des problèmes réels, concrets. Cela n'exclut pas pour autant la rigueur nécessaire et le besoin d'une organisation clairement définie pour l'implantation puis le pilotage de ce dispositif.

L'ensemble est traité dans l'esprit des modules de formation Symexip[1], solutions que l'on doit adapter à son propre cas sans perdre de vue que l'intelligence économique n'est pas une fin en soi mais un moyen pour contribuer à rendre l'entreprise plus compétitive.

---

1. Symexip® : Système modulaire d'exploitation de l'information professionnelle, marque déposée de F. Jakobiak, INPI, novembre 2002. Il est un élément d'Existrat®, Exploitation des informations stratégiques, marque déposée, INPI, septembre 1993.

Chapitre 1

Les composantes
de l'intelligence économique

1.1 LES CINQ PÔLES DE L'INTELLIGENCE ÉCONOMIQUE

Pour contribuer à contrer « le manque de visibilité des étudiants comme des employeurs sur ce qu'ils peuvent attendre de l'intelligence économique », manque de visibilité noté par Alain Juillet, haut responsable chargé de l'intelligence économique, il nous paraît utile d'exposer les points majeurs développés dans le *Référentiel de formation en intelligence économique* (4) élaboré par la commission consultative qu'il a constituée. Composée de quatorze enseignants choisis par leurs pairs, la commission, dont j'ai eu l'honneur de faire partie, a publié ce référentiel en février 2005 et il a été officiellement présenté le 23 mai 2005 à l'École militaire par Alain Juillet et les membres de cette commission consultative.

Pourquoi un référentiel de formation en intelligence économique ?

Les auteurs du rapport le précisent dans l'introduction :

« L'objectif de ce référentiel est d'identifier les connaissances et savoir-faire que doit acquérir un étudiant dans le cadre d'une formation de haut niveau en intelligence économique, de type professionnel (master professionnel, mastère). »

La structure en cinq pôles d'enseignements distincts est également présentée :

1. « Il est tout d'abord indispensable que l'étudiant comprenne les bouleversements récents qui ont fait de l'intelligence économique un enjeu majeur de compétitivité. C'est l'objet du **premier pôle** d'enseignements identifiés. »

2. « L'étudiant doit également comprendre les mécanismes des organisations appelées à mettre en œuvre une démarche d'intelligence économique et la façon dont une telle démarche s'articule avec le reste de l'organisation. C'est l'objet d'un **deuxième pôle** d'enseignements. »

Il faut enfin transmettre à l'étudiant les savoir-faire associés aux trois capacités de l'intelligence économique :

3. le management de l'information et des connaissances : pôle 3 ;

4. la protection du patrimoine informationnel et des connaissances : pôle 4 ;

5. l'influence et la contre-influence : pôle 5 ».

Nous avons aussi précisé dans ce référentiel la définition de l'intelligence économique.

> « L'intelligence économique consiste en **la maîtrise et la protection de l'information stratégique** pour tout acteur économique.
>
> Elle a pour **triple finalité** :
>
> - la **compétitivité** du tissu industriel ;
> - la **sécurité** de l'économie et des entreprises ;
> - le renforcement de l'**influence** de notre pays. »

La figure 1 propose un éclaté en étoile montrant les cinq pôles constitutifs de l'intelligence économique.

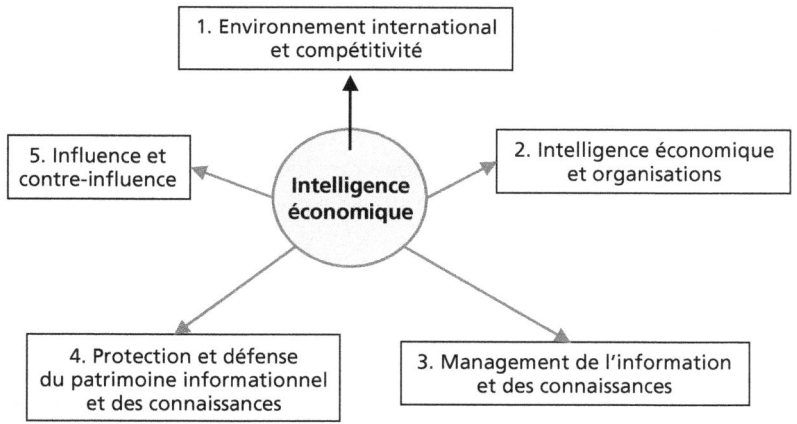

Source : Référentiel de formation en intelligence économique

Figure 1. Les 5 pôles de l'intelligence économique

Nous allons successivement préciser la problématique de chaque pôle telle qu'elle est publiée dans le référentiel.

Pôle 1 : Environnement international et compétitivité

« L'intelligence économique est une **réponse culturelle et opération-nelle aux problématiques de la globalisation et de la société de l'infor-mation**. Il est donc essentiel de bien comprendre ces notions, les opportunités et menaces qu'elles génèrent pour les entreprises comme pour les États ainsi que les transformations qu'elles impli-quent, sans omettre pour autant leur coexistence avec des problémati-ques plus anciennes (stratégies de puissance, sociétés traditionnelles, impact des cultures nationales sur la gouvernance des États comme des entreprises, contre-cultures…). »

Ce texte, issu du référentiel, montre que l'intelligence économique doit prendre en compte les incidences de la mondialisation et de la révolution informationnelle, au niveau de l'État, des régions, des entreprises.

Pôle 2 : Intelligence économique et organisations

« Les entreprises ont encore des difficultés à s'approprier le concept et les pratiques d'IE, comme le montrent nombre de travaux scienti-fiques. Il s'agit non seulement de développer une culture de l'infor-mation mais également de montrer aux organisations que l'IE est un facteur clé de succès pour la réussite de leurs projets. »

Il importe de faire comprendre aux acteurs de l'économie l'impor-tance vitale de l'intelligence économique, importance qui est mainte-nant comprise dans les grands groupes mais pas encore suffisamment dans les PME.

Pôle 3 : Management de l'information et des connaissances

« Le processus de veille, au sens général **du recueil, de l'exploitation et de la diffusion de l'information,** publiée ou informelle, est **au cœur du dispositif d'IE**. Il concourt en effet à la production des connaissan-ces opérationnelles indispensables à **la prise de décision et au pilo-tage stratégique des organisations**, mais également des connaissances contextuelles. Il s'agit de connaître et **comprendre la méthodologie, les pratiques et les outils**, et de les mettre en œuvre au sein des orga-nisations. Cela suppose de faire émerger la fonction de manager de l'information dans ses aspects animation et médiation. »

C'est ce pôle, qui occupe la position centrale, « au cœur du dispositif d'IE », que nous développons dans ce livre sur les techniques d'intelligence économique.

Pour nous, **comprendre la méthodologie, les pratiques, les outils**, c'est vraiment **préparer l'entreprise à implanter le dispositif d'IE** puis à **l'utiliser** pour « la prise de décision et le pilotage stratégique ».

Pôle 4 : Protection et défense du patrimoine informationnel et des connaissances

« Identifier les **éléments à protéger** ainsi que les **menaces** tant externes qu'internes qui peuvent peser sur le patrimoine de l'entreprise. Faire comprendre que ce patrimoine est de plus en plus immatériel, qu'il nécessite des savoir-faire spécialisés, et que certaines circonstances de crise mal maîtrisées peuvent engendrer des pertes considérables. »

Il existe une véritable guerre de l'information due à la férocité de la compétition économique entre les pays et entre les entreprises. Il faut en être vraiment conscient et être capable de prendre les mesures de protection qui s'imposent. L'importance énorme prise par la contrefaçon illustre de façon éclatante la nécessité vitale de se protéger et cela dans toutes les branches d'activité. Il ne faut pas croire que le high-tech est la seule cible.

Pôle 5 : Influence et contre-influence

« Savoir décrypter et gérer les manœuvres et procédés informationnels capables d'affecter ponctuellement ou durablement l'image, le comportement et la stratégie d'une organisation est devenu essentiel pour les entreprises. Elles sont en effet devenues particulièrement vulnérables aux **attaques informationnelles** et peuvent de ce fait faire l'objet de **manœuvres de déstabilisation** de la part de concurrents, d'États ou d'acteurs provenant de la société civile. Par ailleurs, il s'agit de développer la capacité des entreprises à **mettre en œuvre des démarches de lobbying**. »

Les pôles 4 et 5 montrent qu'il est nécessaire d'avoir une **politique offensive**, mais aussi une **politique défensive** de l'information, et pour cela, d'utiliser la contre-influence pour résister efficacement dans la guerre de l'information.

Comme l'indique le référentiel, il faut bien comprendre **que l'information est une arme redoutable de déstabilisation des entreprises** car celles-ci fondent leur développement sur leur capacité à provoquer des actions en agissant sur les perceptions : le client achète car il est convaincu que le produit correspond à son besoin, à ses goûts, l'investisseur devient actionnaire car il croit en l'avenir de la société et de son secteur d'activité. Il faut donc avoir une politique de communication dynamique et défendre l'image de marque de l'entreprise.

Comme indiqué plus haut, les entreprises sont de plus en plus confrontées à des conflits informationnels. Ces conflits mettent aux prises des organisations avec différents acteurs : en premier lieu évidemment les concurrents, parfois même des États et le plus souvent des entités et individus de la société civile – organismes non gouvernementaux (ONG), associations diverses, voire individus. C'est pourquoi, la compréhension et l'analyse de ces nouveaux rapports de force fondés sur les perceptions sont devenues essentielles pour les sciences de gestion et le management des entreprises, et en particulier pour l'intelligence économique.

Les techniques et méthodes que nous nous proposons de développer dans le présent ouvrage concernent l'intelligence économique territoriale mais surtout, plus directement, l'intelligence économique d'entreprise dont nous allons présenter les caractéristiques respectives.

1.2 ÉLÉMENTS D'INTELLIGENCE TERRITORIALE

La quatrième page de couverture du rapport Carayon (1) pose clairement le problème de la nature et du rôle de l'intelligence économique : « Tantôt assimilé à l'espionnage économique, tantôt à des méthodes classiques de traitement de l'information stratégique au bénéfice des seules entreprises, le sujet de l'intelligence économique n'a pas eu en France le succès opérationnel qu'il a rencontré dans l'ensemble des nations occidentales.

Conscient des enjeux stratégiques de l'intelligence économique, le Premier ministre[1] a confié à Bernard Carayon, député du Tarn, rapporteur du budget du renseignement et du SGDN à la Commission

---

1. Jean-Pierre Raffarin, en janvier 2003.

des Finances, le soin de lui présenter un état des lieux, assorti de préconisations. »

Toujours dans la quatrième page de couverture du rapport Carayon, il est ajouté : « **L'intelligence économique apparaîtra désormais non plus comme une simple méthode d'entreprise, mais comme une vraie politique publique**, une politique nouvelle comme l'ont été en leur temps la protection de l'environnement et le développement durable. Une politique globale aussi dont les enjeux en termes d'emplois, d'influence internationale, de puissance et de souveraineté sont pour la première fois clairement identifiés. »

Le rapport définit la politique d'intelligence économique territoriale à mettre en place. Bien que cette question ne soit pas le thème de notre livre, nous devons en souligner quelques aspects parce qu'il y a des liens entre les intelligences économiques territoriale et d'entreprise. Parmi les trente-huit propositions du rapport Carayon, neuf, numérotées de 30 à 38, concernent son sixième et dernier chapitre : Intelligence économique et territoire. Nous en citerons six en faisant remarquer que la proposition 36 concerne directement l'intelligence économique d'entreprise.

La proposition 30 recommande le développement du « partage et de la circulation de l'information entre administrations centrales et services déconcentrés et entre services déconcentrés » (1), page 87.

Puis **la proposition 31** recommande de « définir l'intelligence économique comme une priorité nationale dotée d'une articulation territoriale. »

Cette articulation territoriale implique, comme le note **la proposition 32**, de « retenir la région comme territoire de référence et de mise en œuvre de l'intelligence économique territoriale. »

Cela suppose de « soutenir » en permanence « les efforts des conseils régionaux par la mise en œuvre d'une véritable politique publique de l'intelligence économique », c'est la **proposition 35**. Le rôle majeur que doivent jouer les chambres consulaires (CCI, CRCI, ARIST) est indiqué en commentaire de cette proposition.

L'intelligence territoriale n'est pas disjointe de l'intelligence d'entreprise et c'est pourquoi, comme le recommande la **proposition 36**, il y a lieu de « poursuivre et renforcer la sensibilisation des chefs d'entreprises. »

La coordination des diverses actions de l'intelligence économique implique de « réunir dans une instance officielle les décideurs régionaux pour arrêter une stratégie régionale », et aussi de « faire assurer le suivi de cette stratégie, la cohérence des initiatives régionales ». C'est la proposition 37, qui préconise un « rôle de point d'entrée » à « un organe autonome ».

Dans le chapitre 6 de son rapport, « Intelligence économique et territoires », Bernard Carayon affirme que la France ne peut pas se dispenser d'une application territoriale de l'intelligence économique. Sinon ce serait « ne pas tenir compte de la réalité du tissu économique français, principalement composé de PME/PMI. »

Il en résulte qu'une approche territoriale de l'intelligence économique est justifiée et nécessaire. L'efficacité de la stratégie globale et nationale d'intelligence économique repose sur une organisation territoriale adaptée et partagée.

Il rappelle dans « les fondements d'une intelligence économique territoriale » que les territoires sont le creuset d'activités économiques juxtaposant savoir-faire traditionnels et technologies avancées. Pour lui, il est clair que la promotion des intérêts des territoires est directement liée à leur « capacité à s'organiser en réseaux, en adoptant une démarche qui repose sur l'articulation et la mise en œuvre d'une politique d'intelligence économique par la compétitivité-attractivité, l'influence, la sécurité et la formation. »

Six ans après le rapport Carayon, nous verrons plus loin que les actions développées depuis par le MINEFI, ministère de l'Économie, des Finances et de l'Industrie, et son réseau de CRIE, chargés de mission régionaux à l'intelligence économique, concrétisent la réalité de cette politique d'intelligence territoriale.

Le rapport insiste ensuite sur la nécessité de définir une stratégie au service du développement et de l'emploi et précise que la compétitivité des PME/PMI est intimement liée à l'attractivité de leur territoire : réseaux de communication adaptés, identification claire des « soutiens » publics et consulaires, promotion internationale des atouts collectifs.

L'attractivité des territoires est un concept fort important car, comme pour les entreprises, une bonne image de marque est essentielle ; cela implique une stratégie liant les partenaires publics et privés.

Les besoins des partenaires publics sont développés, ils sont définis dans la proposition 30 dont nous avons ci-dessus donné le contenu.

Quant aux besoins des partenaires privés, ils recouvrent deux domaines :

* l'information ;
* l'accompagnement.

La recherche et l'acquisition d'informations de tous ordres relèvent pour une bonne part de leur compétence propre si elles savent s'organiser en interne, et en externe par des réseaux adaptés. Mais en cas de besoin, elles doivent pouvoir accéder, grâce à des partenaires publics, à l'information qui leur est nécessaire.

« Elles doivent pouvoir être accompagnées par les administrations publiques et consulaires dans leurs démarches de prospection de nouveaux marchés à l'étranger et bénéficier de l'influence de ces administrations afin de faciliter leur approche des instances nationales, voire internationales. »

Les acteurs de l'influence pour une intelligence territoriale

Le pôle 5 du référentiel (4), « Influence et contre-influence », précise le contenu de cette composante de l'intelligence économique. C'est un point qui était clairement indiqué dans le rapport Carayon : il insiste sur le fait que l'influence ne peut pas être qu'entre les mains de l'État.

Si celui-ci joue – et doit continuer de jouer – un rôle prépondérant, il faut que les « collectivités locales et les acteurs économiques contribuent de plus en plus à la promotion et à la défense des intérêts économiques de notre pays :

* les collectivités locales et les chambres de commerce et d'industrie à travers des politiques de partenariat avec leurs homologues étrangers ;
* les entreprises en exportant leurs produits et leur savoir-faire, et en étant présentes dans les salons internationaux. Certaines PME/PMI, à l'instar des grands groupes, n'hésitent plus à être présentes et exercer du lobbying dans les instances internationales. »

« Une sécurité renforcée pour une intelligence économique territoriale »

Sous ce titre, Bernard Carayon précise que la France doit garantir la sécurité économique de ses acteurs tant au niveau national qu'au niveau territorial. Le concept de sécurité n'est pas suffisamment pris en compte alors qu'il est un pilier fondamental de l'intelligence économique, qui relève, dans sa mise en œuvre, « de la prise de conscience commune des acteurs institutionnels et économiques. »

La protection du patrimoine intellectuel et matériel des petites entreprises n'est actuellement pas prise en compte ou pas assez. On a trop tendance à penser que seuls les grands groupes travaillant dans des secteurs stratégiques représentent des cibles. Cette vision des choses est sans fondement car « les PME/PMI sont plus vulnérables qu'on ne le pense : qu'elles travaillent directement pour un secteur économique sensible ou, plus simplement, qu'elles représentent pour leurs concurrents étrangers une cible de choix dans la compétition internationale. »

Une formation au service de l'intelligence économique territoriale devrait être mise en place. Certaines régions ont commencé à le faire et cela doit se généraliser avec un enseignement intégrant autant les aspects défensifs qu'offensifs de l'intelligence économique.

Il est évident que le maillage territorial du système éducatif français permet la mise en œuvre d'une formation adaptée, au plus proche des entreprises et des administrations publiques déconcentrées et décentralisées. Des exemples pratiques en région, sous l'égide des CCI ou CRCI, tant en métropole que dans les DOM-TOM confirment cette possibilité.

Bernard Carayon précise : « Les universités sont présentes dans tous les territoires : l'enseignement de l'intelligence économique pourrait davantage être adapté aux spécificités économiques locales. Certaines grandes écoles de commerce, installées en province, tout comme les instituts de formation des fonctionnaires de l'État et des collectivités locales, constituent des lieux privilégiés pour atteindre cet objectif. »

1.3 L'INTELLIGENCE ÉCONOMIQUE D'ENTREPRISE : QUOI, POURQUOI, COMMENT ?

L'intelligence économique en entreprise n'est pas une fin en soi, elle constitue un ensemble de moyens à utiliser au mieux par l'entreprise dans le but :

- d'améliorer constamment sa **compétitivité**, c'est-à-dire sa « capacité à vendre durablement et avec profit ce qu'elle produit, tout en décelant en permanence les besoins exprimés ou latents des consommateurs et en répondant à ses besoins » (6) ;

- de mettre en place une **politique d'innovation permanente** : innovation au niveau des produits, mais aussi innovation de procédés et innovation organisationnelle.

Ce sont là deux objectifs fondamentaux de toute entreprise, comme nous l'avons déjà fait ressortir (3).

Nous tenons à préciser que notre approche de l'intelligence économique en entreprise est tout à fait dans la ligne préconisée par le rapport Carayon. C'est un thème abordé à plusieurs reprises dans ce rapport qui définit la politique nationale d'intelligence économique. Dans la présentation générale, il est souligné l'importance d'examiner la place de l'entreprise puis de connaître les propositions qui, à un degré ou à un autre, concernent directement les entreprises.

Dans le premier chapitre « Acteurs et champs de l'intelligence économique », un paragraphe intitulé « L'intelligence économique est l'affaire des entreprises » (page 19) comporte cette phrase à nos yeux essentielle :

« L'intelligence économique n'apparaît donc pas comme un métier ou une fonction parallèle aux autres métiers ou fonctions de l'entreprise, mais bien comme une politique voulue par le dirigeant, portée et déclinée par tous à travers une culture partagée, une organisation moins hiérarchique, fondée sur des réseaux, des méthodes et des outils. »

En total accord avec cette affirmation, pour une organisation moins hiérarchique (afin que l'entreprise soit plus performante, avec des acteurs convaincus, motivés et mobilisés), nous proposons ici des méthodes, des techniques et un certain nombre d'outils.

Nous avons examiné dans notre dernier livre (3) les propositions du rapport Carayon contenant le mot « entreprise » dans leur intitulé, et nous renvoyons le lecteur à cette référence (3).

Comment, au niveau de l'entreprise, l'intelligence économique doit-elle être mise en place ?

Nous allons développer l'aspect pratique de cette question dans les différents chapitres du présent ouvrage selon le plan précis indiqué ci-après.

1.4 STRUCTURE DU LIVRE

Après un premier chapitre de préambule sur l'intelligence économique, les chapitres suivants abordent successivement deux axes :

- une chronologie des opérations ;
- puis une présentation des outils qui permettront la réalisation pratique, le pilotage, l'évaluation.

Cela conduit à la série de chapitres suivante :

- quatre chapitres exposant les techniques ;
- un chapitre précisant les modes d'implantation possibles ;
- deux chapitres développant successivement le mode de pilotage, la feuille de route et l'ensemble indicateurs-tableau de bord que l'on peut recommander ;
- la conclusion qui, après quelques recommandations pour utiliser au mieux les préceptes et outils, expose des propositions d'amélioration et d'extension de l'intelligence économique.

Le chapitre 2 « Les techniques de sélection des domaines à surveiller », partant du fait que l'on ne peut pas tout surveiller, expose les critères de choix que l'on peut utiliser et les principes de surveillance des différents types d'informations : scientifiques, technologiques, commerciales, financières, réglementaires, juridiques, environnementales, sociétales.

Le chapitre 3 « Les techniques d'acquisition de l'information » donne un panorama des sources à connaître et à utiliser : sources d'information

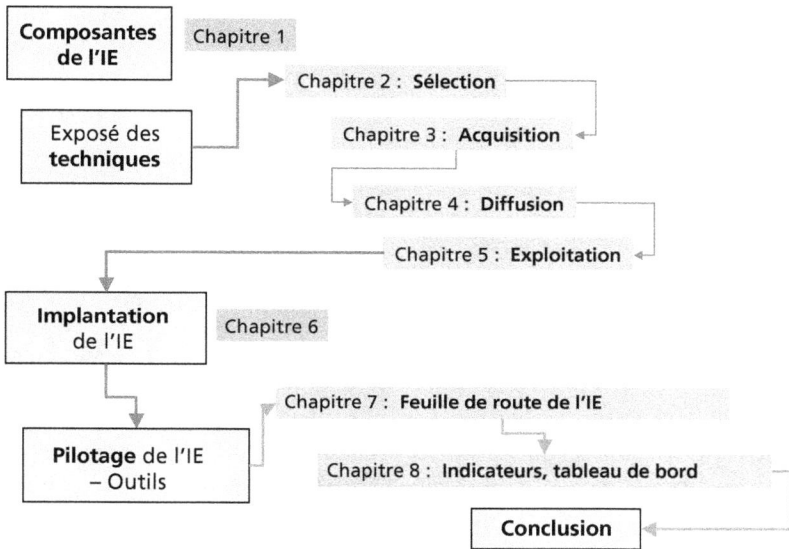

Figure 2. Structure du livre

publiées et plus ou moins largement diffusées, mais aussi informations informelles et renseignements.

Le chapitre 4 « Les techniques de diffusion de l'intelligence économique » précise comment, dans l'entreprise, diffuser les informations externes brutes ou élaborées (validées, analysées, synthétisées) et les informations internes.

Le chapitre 5 « Les techniques d'exploitation de l'intelligence économique » est essentiel. Il développe les opérations constitutives de l'exploitation de l'information collectée : analyse, validation, synthèse, création d'outils d'aide à la décision. **C'est dans cette phase d'exploitation que l'on transforme l'information en intelligence, en connaissance.** C'est là que l'on actualise la compétence et que l'on transmet aux décideurs les éléments condensés contribuant à la décision stratégique, à l'anticipation, à la détection des risques, à la saisie des opportunités de développement.

Le chapitre 6 « L'implantation d'un dispositif d'intelligence économique en entreprise » montre comment s'organiser pour mettre en place concrètement les techniques développées dans les chapitres précédents. Assez étoffé, il aborde d'abord l'audit préalable, fait une distinction entre l'implantation dans les petites entreprises et les groupes importants où la gestion du projet est informatisée, ce qui facilite la mise en place et le suivi.

Le chapitre 7 « Pilotage de l'intelligence économique : la feuille de route », propose l'emploi d'une feuille de route précisant les étapes, les priorités, le calendrier, les opérations à suivre. On y trouvera une version simplifiée, pragmatique de la feuille de route, mais aussi une autre version sous forme d'un tableur informatisé.

Le chapitre « Pilotage de l'intelligence économique : indicateurs et tableau de bord » précise en détail le pilotage en présentant des indicateurs et un tableau de bord, pour le suivi et le contrôle de la marche du dispositif. Le tableau de bord utilise une batterie d'indicateurs de fonctionnement et d'efficacité. Disons-le tout net, ce chapitre ne donne pas de recette miracle et pose autant de problèmes qu'il en résout. S'il précise comment utiliser au mieux les indicateurs existants, il ne donne que des pistes pour créer d'autres indicateurs nécessaires, sur mesure.

La conclusion, après une synthèse sur les meilleures pratiques à adopter, va quitter ensuite le rationnel, le structuré, pour nous entraîner dans la réflexion et, pourquoi pas, le rêve. Quelle est l'intelligence économique souhaitable, idéale pour notre entreprise ? Comment faire pour que la réalité, le possible, soit assez proche du souhaitable ? Comment doit-elle évoluer ? Tout un programme... Mais chaque chose en son temps, attaquons les problèmes concrets.

Chapitre 2

Les techniques de sélection des domaines à surveiller

Pour la veille technologique comme pour la veille concurrentielle et pour l'intelligence économique, il est illusoire et impossible de vouloir tout surveiller, tout connaître, tout savoir, tout exploiter.

Des degrés de priorité sont à attribuer, des tris sont à effectuer, des choix à réaliser.

Pour traiter rigoureusement ce problème, il est nécessaire :

- de préciser certaines caractéristiques de sélection ;
- de citer certaines méthodes ayant fait leurs preuves ;
- de préciser les divers types d'information à considérer.

2.1 Critères de sélection de l'information

> En amont de l'intelligence économique, les facteurs critiques de succès permettent de déterminer les secteurs à surveiller.

Le choix des secteurs techniques ou commerciaux précis à surveiller par l'entreprise pourra être réalisé en utilisant la théorie des facteurs critiques de succès que nous avons présentée il y a vingt ans (7), et qui demeure valable. Sans trop entrer dans le détail, nous indiquerons les caractéristiques de base de la méthode découlant de cette théorie et du concept d'information critique (7).

Dans une situation donnée, à un instant précis de la vie de l'entreprise, une certaine information nous est tout à fait indispensable pour agir ou décider. D'où l'adjectif « critique » proposé pour qualifier l'information que nous pouvons considérer comme constituant le noyau essentiel, l'âme de l'information utile. Critique, en ce sens qu'elle est absolument vitale, nécessaire ; critique, parce que son absence aurait des conséquences très graves, le plus souvent à court terme, et dans ce cas cette criticité est évidente pour le directeur, le chercheur, l'ingénieur. Mais, si l'absolue nécessité de posséder cette information concerne le moyen ou le long terme, alors il faut être très perspicace et vigilant.

Le recensement puis l'utilisation des « facteurs critiques de succès » rend possible la détermination, au sein de l'information utile, du noyau essentiel constitué par l'information critique.

L'approche des facteurs critiques de succès (Critical Success Factors, CSF) a été créée par J.F. Rockart, de la Sloan School of Management du Massachusetts Institute of Technology (MIT), en 1979, comme un moyen de détermination directe des besoins en information du directeur général (Chief Executive Officer, CEO). Il définit les CSF comme les quelques points précis où tout doit aller parfaitement bien pour que l'affaire soit florissante. Ces secteurs, ces thèmes ont une importance telle dans les résultats ou le développement à court et moyen termes qu'il est vital d'être, en permanence, extrêmement bien renseigné à leur sujet.

Ce concept de facteurs critiques n'est pas propre à l'école américaine de J.F. Rockart, qui a toutefois eu le mérite de le préciser, de le formaliser, de le rendre utilisable. Jacques Morin y fait plusieurs fois allusion dans son ouvrage *L'Excellence technologique*, de manière précise et dans une optique opérationnelle : « Pour des raisons évidentes de coût, de bruit de fond et d'encombrement, les entreprises devront, dans leur quasi-totalité, se résigner à un choix préalable des zones à surveiller de façon prioritaire (p. 129) [...], la veille technologique apparaît ainsi comme un outil mis au service d'une réflexion stratégique qui a le souci de définir les facteurs critiques à surveiller : nous sommes loin de la simple documentation ».

On voit que l'auteur préfère le terme « facteurs critiques à surveiller » à celui de « facteurs critiques de succès », mais l'approche est tout à fait similaire.

Il convient de préciser un autre point terminologique : le terme « facteurs clés de succès », largement utilisé en France, peut être considéré comme un synonyme de « facteurs critiques de succès ».

Nous devons ajouter que les facteurs critiques de succès dépendent du domaine d'activité de l'organisme, de ses objectifs et de sa stratégie, des estimations, évaluations, postulats critiques définis par l'état-major, qu'ils varient avec le temps et doivent, en conséquence, être réactualisés.

La figure 3 révèle ainsi les facteurs critiques de succès relatifs à l'industrie automobile dans les années soixante et au début des années deux-mille. On note une sensible évolution dans le temps. (Pour J.F. Rockart le nombre optimal de FCS doit être compris entre quatre et sept, ce qui est le cas ici.)

CAS DE L'INDUSTRIE AUTOMOBILE AMÉRICAINE

Années 60	Début des années 2000
• Style, aspect des modèles • Réseau de concessionnaires efficace • Contrôle strict des coûts de production	• Qualité et respect des normes énergétiques et d'environnement • Réseau de concessionnaires efficace • Contrôle strict des coûts de production • Réduction de la durée de développement

Figure 3. Exemples de facteurs critiques de succès

Un impératif : ne jamais se limiter à l'information facile à obtenir

Il faut veiller à ne pas se limiter à des facteurs critiques de succès nécessitant uniquement de l'information formalisée et structurée, même ceux qui concernent l'information floue, informelle, le renseignement doivent être pris en compte. C'est une évidence pour le spécialiste de l'intelligence économique, mais ce n'était généralement pas le cas il y a une vingtaine d'années en veille technologique.

Que faire des facteurs critiques ?

Le recensement des facteurs critiques de succès étant réalisé, pour chacune des différentes directions, un grand pas est accompli, mais il est bien entendu insuffisant et il ne faut pas s'arrêter à ce stade. Il constitue seulement une première étape de grande importance. Il faut ensuite passer à la phase active.

Savoir que l'amélioration du rendement de fabrication d'un produit vital pour mon entreprise est un facteur critique de succès pour l'année à venir, c'est bien, mais il reste à réaliser cet impératif. Un **facteur critique de succès peut être considéré comme un objectif prioritaire constitué d'un certain nombre d'actions, souvent très diverses, à réaliser.**

Pour réaliser ces différentes actions, de l'information est nécessaire : l'information critique, mentionnée plus haut.

Définition de l'information critique

C'est l'information nécessaire à la réalisation des actions constituant les objectifs prioritaires, les facteurs critiques de succès.

Les facteurs critiques d'une entreprise constituent une arborescence

Il est important de noter qu'à chaque niveau hiérarchique d'une société donnée correspondent un certain nombre de facteurs critiques. C'est ce que représente la figure 4, qui montre respectivement ceux du directeur de production et du directeur des études et recherches.

INDUSTRIE AUTOMOBILE

Directeur de Production	Directeur d'Études et de recherches
• Contrôle de la qualité • Contrôle des coûts de production • Gestion des stocks • Mise en place d'unités robotisées	• Mise au point modèle ultra-économique • Réduction de poids (nouveaux matériaux) • Études sur le moteur hybride • Contrôle informatique de la conduite du véhicule

Figure 4. FCS relatifs à deux directions distinctes

Les facteurs critiques constituent ainsi une arborescence. La connaissance des FCS globaux d'une société, celle de sa direction générale, doit être complétée par **celle des facteurs critiques des principales divisions opérationnelles et directions fonctionnelles**. Sinon on se limite à une vision tellement globale qu'elle n'a que peu de chances d'apporter vraiment quelque chose.

S'il existe **cinq FCS** au niveau d'une entreprise, cela peut se traduire par :

- un ensemble d'environ **vingt-cinq FCS** au niveau des directions de divisions ;
- et donc un peu plus de **cent thèmes élémentaires** (profils) à surveiller.

Liens entre les facteurs critiques de succès et la veille stratégique

Les facteurs critiques globaux d'une entreprise, au niveau de la direction générale, constituent les diverses branches de l'arbre stratégique de cette entreprise. C'est le degré 1 de l'arborescence.

De ces facteurs critiques généraux découlent, direction par direction, division par division, les facteurs critiques propres à chacune d'entre elles. C'est le degré 2.

Si, par exemple, la R&D a, parmi ses facteurs critiques de succès, les nouvelles céramiques sans oxydes, cela conduira :

- à une série de profils techniques, comme céramiques à base de nitrure ;
- à une série de profils concurrentiels avec surveillance stricte de plusieurs acteurs.

Dans le cas de la figure 5, il s'agira, entre autres, de Toshiba, de Nippon Steel, de Sumitomo, sans oublier leurs filiales.

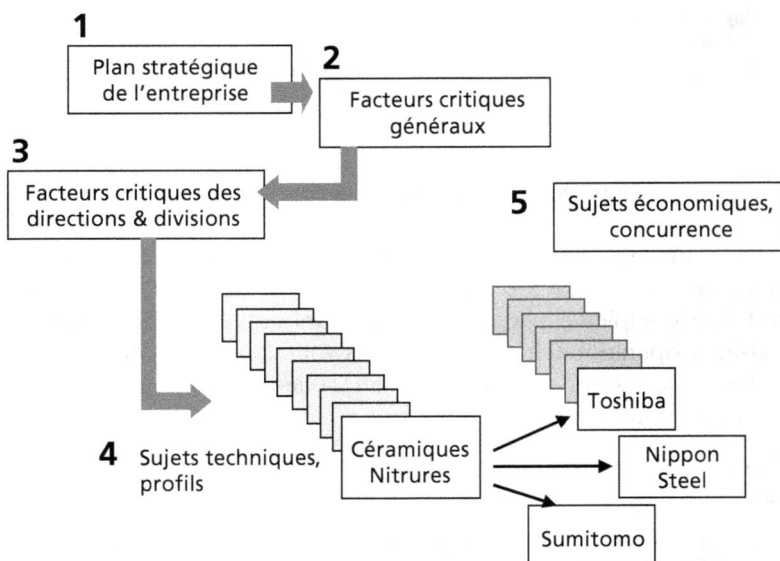

Figure 5. Des facteurs critiques à la veille stratégique

Autres modes d'estimation des secteurs prioritaires

Il existe, à côté des facteurs critiques de succès, d'autres moyens de détermination des secteurs à prendre en compte.

B. Martinet et Y.M. Marti (8) rappellent en particulier les travaux réputés de Michael Porter : il propose une analyse structurelle des secteurs d'activité. Plus lourde que la méthode des FCS, elle a l'avantage d'être plus formalisée et exhaustive, ce qui explique que certains la préfèrent.

Elle peut, elle aussi, constituer une étape vers la constitution des profils de surveillance de l'intelligence économique : l'éclatement des objectifs en arborescences fait apparaître les axes élémentaires à chacun desquels seront affectés un ou plusieurs de ces dits profils.

Parallèlement, comme lorsqu'on emploie la théorie des facteurs critiques de succès, sont établies des check-lists destinées aux observateurs, pour qu'ils comprennent bien dans quel contexte sont à créer les profils, équations logiques destinées à l'interrogation automatisée des bases de données informatisées.

2.2 ATTRIBUTION DE DEGRÉS DE PRIORITÉ

Lorsque la liste de tous les sujets d'intérêt à surveiller est établie, on peut, par exemple, attribuer à chacun un degré de priorité :

1 pour les sujets vitaux (critiques) ;

2 pour les sujets très importants ;

3 pour les sujets importants.

Cette attribution d'un degré de priorité est nécessaire pour accorder la préférence à tel ou tel sujet lorsqu'il y a un certain encombrement du dispositif.

Le degré de priorité convient à un instant donné et peut être modifié au cours du temps.

Nous conseillons, aussi bien pour l'élaboration de la liste complète de sujets que pour l'attribution des degrés de priorité, d'utiliser les méthodes d'**aide à la décision multicritère** qui, grâce à leur pragmatisme, sont particulièrement bien adaptées à ce problème. Paru il y a plus de vingt ans, l'ouvrage du professeur suisse Alain Schärlig, *Décider sur plusieurs critères* (9), sous-titré *Panorama de l'aide à la décision multicritère*, permet d'estimer la valeur de cette approche qui demeure encore valable actuellement. On lit (page 103) : « ...les critères de choix sur lesquels il faudra fonder la décision de retenir tel projet et non tel autre, présentent toutes les caractéristiques du multicritère : ils ne sont pas quantifiables, et en général pas commensurables. » Il cite l'entreprise SEMA (Bernard Roy, 1970) pour illustrer cette approche face au problème : « Quelles actions de recherche retenir dans un ensemble de projets ? ». Il se base sur les estimations que l'on va associer à six critères cernant la question :

- chances d'aboutissement ;
- intérêt stratégique ;
- importance du marché supplémentaire ouvert ;
- coût immédiat ;
- coût futur de recherche et mise en application ;
- apport des recherches antérieures.

À chacun de ces six critères, il est possible d'attribuer une appréciation qualitative.

Nous pouvons utiliser cette analyse basée sur le bon sens pour un ensemble de sujets, projets, actions à examiner pour sélectionner les meilleurs. On attribue alors à chaque critère un indice chiffré, allant du plus favorable, 5, au moins favorable, 1. Pour les cinq premiers critères, on définit trois estimations possibles, 5, 3 ou 1, et pour le dernier critère, cinq options, 5, 4, 3, 2 ou 1.

C'est ce qui apparaît dans la liste ci-dessous où nous indiquons les appréciations et les indices attribués aux six critères présentés *supra* :

1. Chances d'aboutissement
   - réussite quasi certaine (5) ;
   - réussite probable (3) ;
   - réussite hasardeuse (1).
2. Intérêt stratégique
   - intérêt supérieur du groupe (5) ;
   - intérêt d'une division du groupe (3) ;
   - intérêt discutable, non évident (1).

3. Importance du marché supplémentaire ouvert
   – marché particulièrement important et prometteur (5) ;
   – marché couvrant largement les dépenses en recherche (3) ;
   – marché incertain, difficile à évaluer (1).
4. Coût immédiat
   – faible (5) ;
   – moyen (3) ;
   – élevé (1).
5. Coût futur de recherche et mise en application
   – faible (5) ;
   – moyen (3) ;
   – élevé (1).
6. Apport des recherches antérieures
   – apport exceptionnel (5) ;
   – apport conséquent (4) ;
   – influence neutre (3) ;
   – apport faible (2) ;
   – apport très médiocre (1).

Ces données sont ainsi intégrables dans un tableur comme Excel. Les différents projets ou actions ainsi évalués seront ensuite, si on le souhaite, présentés sous forme :

* d'une matrice (figure 6) ;
* ou d'une représentation radar comme celle de la figure 7.

Cette approche multicritère très simple devra la plupart du temps être affinée.

D'abord, il faut remarquer que les six critères que nous avons cités n'ont pas la même importance, le même poids. Le critère 2, intérêt stratégique, a le plus souvent un poids majeur. Il convient alors de faire une première sélection en retenant le ou les projets ayant la cotation maximale, 5, pour ce critère. Puis on considèrera le second critère en importance, et ainsi de suite.

L'approche atouts-attraits que nous avons présentée dans certains de nos ouvrages précédents peut permettre, après cette première

	Projet A	Projet B	Projet C
Critère 1	3	5	3
Critère 2	5	3	3
Critère 3	3	3	5
Critère 4	5	5	3
Critère 5	1	3	5
Critère 6	4	2	3

> **Rappel des critères :**
> 1. Chances d'aboutissement
> 2. Intérêt stratégique
> 3. Importance du marché visé
> 4. Coût immédiat
> 5. Coût futur R&D
> 6. Apport des recherches antérieures

Figure 6. Matrice de sélection de projet

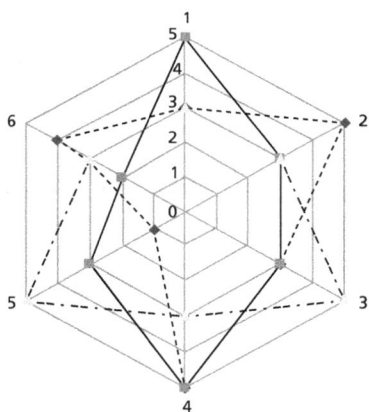

Les critères, de 1 à 6, sont indiqués aux sommets de l'hexagone.
Les indices sont sur les segments : centre (indice 0), sommets (indice 5).

- - - ◆ - - - Série 1
——— ● ——— Série 2
— · — · — Série 3

Figure 7. Radar de sélection de projet

sélection, d'affiner le jugement et de retenir les projets offrant le plus d'intérêt. Rappelons les éléments de base de cette approche détaillée dans *Technologies clés 2005* (10) pour sélectionner, au niveau national, les projets les plus prometteurs.

Cinq familles de critères d'attrait sont retenues au niveau national :

- enjeux industriels et économiques ;

- enjeux environnementaux ;
- enjeux sociétaux ;
- enjeux nationaux et européens ;
- dynamique des technologies (liens avec d'autres technologies).

Chaque critère est analysé en quatre rubriques permettant de le préciser.

« Enjeux industriels et économiques », thème majeur pour une entreprise, sera ainsi structuré :

- potentiel de marchés actuels et futurs ;
- consolidation d'une position concurrentielle ;
- capacité de diffusion dans le tissu industriel ;
- potentiel de baisse de coût, de production de masse.

Dans la mise à jour de cette étude *Technologies clés 2010* (11), les experts ont utilisé, pour choisir les technologies clés, une grille d'analyse multicritère. Ainsi, « une technologie (ou un ensemble de technologies) a été considérée comme clé dès lors qu'elle permet d'agir structurellement sur la compétitivité et l'attractivité des activités en France ».

Chaque entreprise devra choisir les critères les plus adaptés à son cas. Il faut faire du sur-mesure, c'est toujours le cas en intelligence économique, en s'inspirant de ces méthodes.

2.3 NATURE DE L'INFORMATION ET CARACTÉRISTIQUES À PRENDRE EN COMPTE

L'information que doit prendre en compte l'intelligence économique est multiforme.

L'information écrite, publiée, est plus ou moins largement diffusée et son importance n'est pas liée à ce degré de diffusion.

L'information informelle, orale, de terrain, a souvent un poids déterminant. L'information, avant d'être publiée, existe de façon latente. Il importe d'être capable de la capter au moment de son éclosion, parfois sous forme d'indices faibles qu'il faut savoir détecter avant de les exploiter.

© Groupe Eyrolles

L'observation de faits qui ne deviendront pas des documents entre également en ligne de compte. Ainsi l'examen d'échantillons, d'emballages, de constituants d'appareillages divers sont des informations que nous devons être capables de collecter soit ponctuellement, soit systématiquement, si nécessaire. La collecte sera en particulier réalisée dans les foires, expositions, salons professionnels. **Cette information de terrain qui s'étend aux relations avec les fournisseurs, les clients, les concurrents est un constituant essentiel de l'intelligence économique appliquée.** Cette collecte de renseignements implique impérativement le respect de règles d'éthique et de déontologie.

Quelle que soit la nature de l'information, s'ajoutent deux caractéristiques à prendre en compte :

- l'information est-elle ouverte (blanche), fermée (noire) ou grise ?
- révèle-t-elle une tendance lourde ou des indices faibles ?

Les différentes natures de l'information
L'information peut être écrite, orale, publiée ou non publiée.

Ses caractéristiques à prendre en compte
- Information ouverte ou fermée (blanche, grise ou noire).
- Tendance lourde ou signaux faibles.

La surveillance systématique, on le voit, ne sera pas une chose simple, d'autant plus qu'elle peut couvrir des domaines très variés :

- scientifique et technique ;
- technologique et industriel ;
- commercial ;
- financier ;
- juridique ;
- environnemental ;
- sécuritaire ;
- sociétal ;
- politique et géopolitique ;
- etc.

Néanmoins, il est possible de définir des axes de travail généraux. Chacun pourra les suivre ou s'en inspirer en fonction de ses problèmes propres.

2.4 LES SURVEILLANCES À METTRE EN PLACE

En amont de l'intelligence économique en entreprise, les dispositifs d'information documentaire, de veille technologique, de veille concurrentielle, sont absolument indispensables et constituent un « minimum vital » pour toute entreprise soucieuse de connaître son environnement technique et concurrentiel.

Cela signifie que des surveillances de base sont à réaliser. (Nous avons traité ce point en détail dans *L'intelligence économique, la comprendre, l'implanter, l'utiliser* (3) et en reprenons ici quelques éléments.)

La surveillance systématique de l'information publiée est un premier impératif pour l'entreprise. Il est vital, dans le contexte très évolutif et versatile du début du XXIᵉ siècle, de se tenir informé. L'information qui nous concerne est l'information professionnelle, celle qui touche à tous les aspects de l'entreprise : les technologies, qu'elles soient manufacturières ou organisationnelles, les acteurs, en particulier les concurrents.

Nous devons obligatoirement intégrer, dans cette surveillance, les informations de contrainte : celles relatives à la sécurité, à l'environnement au sens large (préservation de la nature, développement durable, acceptabilité par l'opinion), au domaine juridique (normes, réglementation, qualification…).

La tâche peut sembler gigantesque, mais avec les techniques et outils dont nous disposons actuellement, elle est parfaitement réalisable et peut être pérennisée, si nous faisons preuve d'organisation, d'opiniâtreté et de rigueur.

À ces surveillances de base concernant l'information publiée, il est indispensable d'ajouter la recherche et la collecte de l'information informelle, celle qui n'est pas publiée (ou qui, publiée, n'est que très peu diffusée) et se transmet de bouche-à-oreille. Nous avons déjà montré (3) que cette partie essentielle de la surveillance, qui nous fait entrer dans l'intelligence économique, est beaucoup plus difficile à mettre en place et à gérer.

Ces deux formes de surveillance, celle de l'information publiée et celle de l'information informelle, doivent impérativement être suivies d'une exploitation bien définie et organisée. Si cela ne débouche pas sur des actions précises, notre surveillance n'aurait qu'un caractère abstrait de culture et de connaissance, elle resterait contemplative. Ne perdons pas de vue notre objectif : c'est pour l'action, c'est pour améliorer en permanence nos performances, notre compétitivité, que nous surveillons notre environnement, que nous exploitons systématiquement l'information.

À la surveillance systématique (technique, commerciale, financière…) des domaines que nous avons déterminés en utilisant les méthodes vues plus haut, il est recommandé d'ajouter d'autres surveillances :

- technologies concernant l'entreprise ;
- tendances du marché ;
- technologies nouvelles de l'information et des communications ;
- technologies organisationnelles.

Quelques précisions sur la surveillance des technologies concernant l'entreprise

L'entreprise doit surveiller les secteurs technologiques relatifs à ses domaines d'activité pour être en permanence apte à déclencher des actions défensives ou offensives.

Les actions défensives sont nécessaires pour protéger son territoire, ses domaines de compétence, définis généralement par un portefeuille de brevets. Elles concernent la surveillance d'éventuelles contrefaçons et la détection de l'apparition possible de produits ou services de substitution. Elles doivent également contribuer à la détection de menaces, de dangers de vols d'information ou de désinformation, comme nous l'avons vu dans le précédent chapitre. Une veille rigoureuse met à l'abri de mauvaises surprises dans ces divers domaines, et constitue une assurance technologique importante.

Mais les actions défensives ne sont pas suffisantes. Il faut adopter une politique résolument offensive :

- détecter de nouvelles pistes d'innovation ;
- saisir des opportunités de développement ;
- adopter de nouvelles orientations prometteuses.

La connaissance du panorama général de l'état global des lieux sera réalisée en utilisant l'étude du secrétariat d'État à l'Industrie *Technologies clés 2010*, publiée fin 2006 (11).

Pour la surveillance des secteurs techniques, il est évident que cette étude relative aux technologies les plus importantes pour les cinq années à venir est intéressante. Elle permet d'avoir une vue panoramique globale couvrant tous les domaines d'activité et, à partir de là, d'organiser des surveillances techniques et concurrentielles systématiques. Chacune des 83 technologies clés sélectionnées est étudiée, et cela permet d'avoir des données de départ intéressantes.

Contenu des fiches d'analyse de chaque technologie clé

Extraits de l'étude Technologies clés 2010.

Chaque technologie clé est décrite dans une fiche dont les champs sont les suivants :

- l'**intitulé** synthétique de la technologie ;
- la **description** de la technologie, qui énonce les grands principes sur lesquels elle repose, donne des exemples de « briques technologiques » qui la composent, identifie les verrous éventuels, et indique le niveau de maturité de la technologie ;
- une zone de **commentaires**.

Chaque fiche donne également les critères constituant **la grille d'analyse des technologies**.

Enjeux, impact

Cette partie indique en quoi la technologie considérée permet de répondre à un certain nombre d'enjeux et quel est son impact prévisible :

- développement durable : ponction sur les ressources naturelles, réduction des rejets de gaz à effet de serre, polluants, déchets... ;
- enjeux sociaux : création ou maintien d'emplois, liens avec le vieillissement de la population ;
- enjeux réglementaires ou normatifs : respect des directives européennes, établissement de standards alignés sur la technologie ;

- impact positif sur l'attractivité des territoires : les technologies appliquées aux infrastructures (transports, communications...) sont susceptibles d'être les plus concernées par ce critère mais elles ne sont pas les seules ;
- impact sur la compétitivité du tissu des entreprises : conquête de nouvelles parts de marché, réduction des coûts, potentiel de diffusion dans les PME, réduction du temps de développement et d'apparition sur le marché ;
- autres impacts éventuels ;
- évolution prévisible de l'impact en fonction du temps.

Marché

Ce paragraphe précise l'utilité de la technologie considérée :

- quelles sont les applications, les usages de la technologie considérée ?
- comment se caractérise(nt) le (ou les) marché(s) visé(s) (taille, dynamique, potentiel d'exportation pour les entreprises françaises) ? Pour ce critère, les limites de l'étude sont clairement indiquées dans le document : il s'agit de donner des repères qualitatifs ou quantitatifs, et non pas de décrire avec précision le champ concurrentiel pour chaque technologie.

Acteurs

Il s'agit de caractériser l'environnement dans lequel la technologie considérée pourra se développer :

- quelles disciplines scientifiques sous-tendent la technologie ?
- quelles compétences technologiques sont nécessaires ?
- quels pôles de compétitivité sont actifs sur la technologie ?
- avec quelles autres technologies clés la technologie considérée interagit-elle ?
- qui sont les principaux acteurs français et étrangers actifs sur la technologie (entreprises, laboratoires publics...) ?

Nous avons pu apprécier l'intérêt présenté par ce paragraphe qui donne les acteurs majeurs, au niveau français et au niveau international, ceci pour plusieurs technologies clés dans des domaines variés.

Exemple

La technologie clé N° 53 « Alimentation pour le bien-être et la santé » précise les pôles de compétitivité concernés :

- Cancer-Bio-Santé (Midi-Pyrénées, Limousin) ;
- Vitagora (Bourgogne) ;
- Prod'innov (Aquitaine) ;
- L'aliment de demain (Bretagne) ;
- Nutrition Santé Longévité (Nord-Pas-de-Calais).

Les principaux acteurs français cités sont : CNRS, Inra, Institut Pasteur, Danone, Valorex et, à l'étranger, les groupes américains Kellog's et General Mills. (On y ajoutera spontanément Nestlé et Unilever.)

Il est indiqué que cette technologie clé a des liens avec deux autres dans le domaine « Technologies de vivant, santé, agroalimentaire » – à savoir « Contrôle des allergies alimentaires » (N° 54) et « Transgénèse » (N° 44) –, et avec une autre dans le domaine « Distribution, consommation » – la technologie clé « Traçabilité » (N° 73).

Les surveillances à ce niveau global, si elles sont estimées nécessaires, se feront par des « macro-profils », équations logiques générales permettant l'interrogation périodique des bases de données spécialisées, mais aussi, très largement, par l'exploration des sites Internet.

La surveillance des technologies de l'information et des communications (TIC) est vivement recommandée

Les nouveaux matériels, les nouveaux logiciels relatifs aux TIC ont une grande importance et, quel que soit le domaine d'activité de l'entreprise, ils sont à intégrer dans le dispositif de surveillance des technologies. Les TIC peuvent, en effet, permettre d'inclure dans notre système d'intelligence économique de nouveaux outils apportant une amélioration de notre travail :

- dispositif de saisie numérique des informations informelles (saisie vocale) ;
- dispositif d'amélioration de la communication interne, de l'Intranet ;
- dispositif de téléconférences pour améliorer, en particulier, le travail des groupes d'experts ;

- utilisation des téléphones mobiles, des SMS et MMS ;
- utilisation rationnelle d'Internet, suivi de l'évolution du Web.2 ;
- utilisation des fils RSS sur Internet ;
- techniques de knowledge management pour une utilisation optimisée de l'information interne ;
- nouveaux logiciels de traitement de données (par exemple, analyse statistique des brevets, études de corrélation) ;
- dispositifs ou logiciels liés à la sécurité des informations.

Ces différents sujets concernant les TIC pourront être traités de la même façon que les thèmes technologiques généraux ou spécifiques, en élaborant pour chacun un profil de surveillance, ce qui assurera un suivi permanent de ce type d'informations.

Nous allons présenter, dans les prochains chapitres, les techniques et outils nécessaires à la réalisation effective :

- des opérations de surveillance ;
- des opérations d'exploitation des informations ;
- du pilotage du dispositif d'intelligence économique ;
- du contrôle du fonctionnement et de l'estimation de l'efficacité de l'ensemble.

Synthèse

LES TECHNIQUES

Les sélections et tris sont nécessaires car il n'est pas possible de tout surveiller. Pour les réaliser, on dispose de différents moyens.

La théorie des facteurs critiques de succès, l'analyse multicritère, l'approche atouts-attraits sont des techniques utilisables pour choisir les sujets à retenir, et pour leur attribuer un degré d'importance – ils seront qualifiés de critiques, majeurs, importants.

Les surveillances à réaliser doivent être bien définies. Ce point sera précisé dans le chapitre 3 relatif à l'acquisition.

LES OUTILS

- Schéma d'arborescence des facteurs critiques (2.1).
- Matrice des priorités des sujets (2.1).

Chapitre 3

Les techniques d'acquisition de l'information

3.1 ACQUISITION : RECHERCHE ET COLLECTE

L'acquisition, opération de surveillance, en amont de l'exploitation, est la base de toute veille stratégique, comme de l'intelligence économique. Elle comprend deux composantes distinctes : la recherche et la collecte d'informations.

La recherche d'informations

Si l'information générale nous envahit de toute part, pour acquérir de l'information professionnelle, il faut en faire la recherche. Celle-ci se réalise, le plus souvent, au niveau des références et résumés, soit par l'interrogation de bases de données, soit par le dépouillement de revues de sommaires ou de revues secondaires, qui se réfèrent de la revue scientifique aux communiqués de presse.

La recherche comporte les actions suivantes :

- choix des sources ;
- formulation des questions ;
- interrogation des sources.

La collecte d'informations

Diverses catégories de collecte d'informations dans l'organisation systématique de l'intelligence économique sont à distinguer :

- obtention de documents ;
- obtention de données diverses (immatérielles ou matérielles) ;
- observations de faits.

Les deux phases successives de l'acquisition d'information

1. La recherche : choix des sources, formulation des questions, interrogation des sources.
2. La collecte : obtention de documents, de données, observations de faits.

Nous allons examiner puis formaliser les techniques d'acquisition correspondantes.

3.2 ACQUISITION D'INFORMATIONS PUBLIÉES SUR INTERNET

Internet est devenu essentiel et nous le considérons comme bien connu par tous nos lecteurs. Nous donnerons seulement le point de vue du spécialiste de l'intelligence économique qui doit rechercher puis collecter des informations dans ce gigantesque univers sans perdre trop de temps et en simplifiant les choses au maximum.

La figure 8 schématise les opérations en quatre étapes :

* choix des moteurs, métamoteurs, portails ou sites ;
* formulation des questions ;
* interrogations (ponctuelles ou périodiques) ;
* téléchargement.

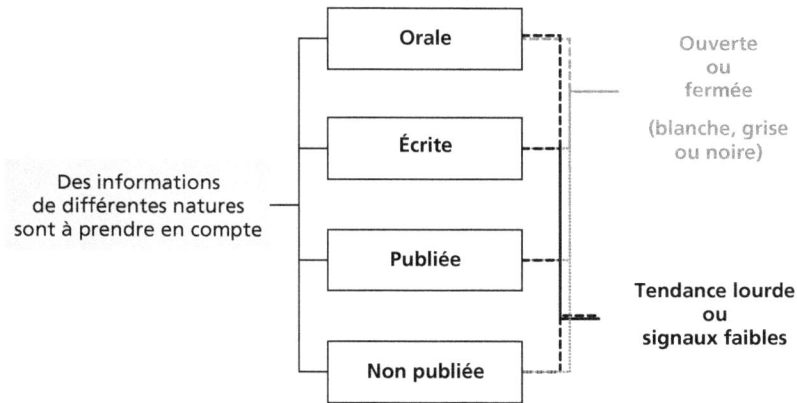

Figure 8. Nature de l'information

Choix des moteurs, métamoteurs, portails, sites

Il appartient à chacun de faire son choix en fonction de sa connaissance de ces outils et de la nature des sujets à surveiller.

Nous recommanderons Google en utilisant un ensemble de mots en recherche avancée sur la seconde ligne, en intersection avec un ou deux termes sur la première ligne. (Nous revenons plus loin sur deux versions incontournables de Google : Google Alert et Google Patents.)

Pour compléter cette recherche sur Google, nous suggérons :

- le moteur Exalead, qui a vraiment pris son envol en 2007. Il permet, grâce à un cartouche placé à droite de la liste des références retenues, d'affiner sa recherche ;
- le métamoteur Copernic, qui fait fonctionner en parallèle au moins une douzaine de moteurs de recherche, dans la version la plus simple. Il affiche les résultats classés par ordre décroissant de pertinence, celle-ci étant indiquée par un pourcentage mentionné à droite de chaque référence retenue ;
- le portail américain www.fuld.com, que nous utilisons depuis des années. Créé par Leonard Fuld, il est spécialement dédié à la *competitive intelligence*, version américaine de notre intelligence économique.

Il est commode, en intelligence économique, de faire, en première approche, une distinction entre trois catégories d'informations auxquelles on peut accéder sur Internet :

- les informations générales ;
- les informations relatives aux brevets ;
- les informations commerciales et financières.

Formulation des questions

Les sites Internet proposent deux types de formulation des questions :

- la logique booléenne ;
- le langage naturel.

Nous rappelons que dans la logique booléenne, il faut rédiger une « équation logique » (appelée « profil » lorsqu'elle est utilisée périodiquement pour suivre un sujet spécifique). Elle est constituée de mots clés (ou descripteurs, en anglais *keywords, descriptors*) reliés par des opérateurs logiques : et, ou, sauf (en anglais *and, or, and not*). Il s'y ajoute, de plus en plus, des opérateurs de proximité comme *near* ou *next* pour préciser la question en cas de besoin.

Il est essentiel de noter qu'outre les interrogations par des mots clés techniques (pompe, laser, interrupteur, domotique…), il est possible d'utiliser des noms de personnes ou de sociétés, ce qui est très fréquent et particulièrement utile en veille concurrentielle. Il convient alors de préciser au système qu'il doit effectuer sa recherche dans les champs « auteurs », « inventeurs » ou « déposant », et non dans les champs « titre » ou « résumé ».

On notera que sur le site USPTO (United States Patents and Trademarks Office), la logique booléenne est proposée en deux versions :

- quick search : il n'est possible d'utiliser que deux descripteurs (éventuellement un mot composé, biterme, comme *wind energy)* liés par un opérateur logique ;
- advanced search : une équation logique beaucoup plus élaborée est possible, avec l'utilisation de parenthèses.

La figure 9 donne les trois catégories principales d'informations. Elles sont accessibles par un métamoteur, des moteurs, un portail et des sites importants, notamment pour l'information relative aux brevets.

Informations générales	Copernic (métamoteur)
	Google (moteur)
	Exalead (moteur)
	Zibb (moteur)
	Alltheweb (moteur)
Informations brevets	www.inpi.fr
	www.uspto.gov (*via* le site fuld.com)
Informations commerciales	Sites web des sociétés
	Site Ubifrance, site Eurostaf
	Site business de fuld.com dont le site www.business.com

Figure 9. Les catégories principales d'informations
à collecter sur Internet

Pour plus de détails sur ces points, nous renvoyons le lecteur à notre livre *L'intelligence économique, la comprendre, l'implanter, l'utiliser* (3).

Interrogations (périodiques ou ponctuelles)

Dans un système organisé d'intelligence économique, les interrogations périodiques sont en général les plus nombreuses et peuvent se réaliser soit automatiquement comme dans Google Alert, soit par interrogation périodique.

Recherche automatisée

Il est utile de prévoir des dispositifs permettant de récolter, chaque semaine par exemple, les références concernant des sujets mis sous surveillance. Des moteurs de recherche ou des métamoteurs nous proposent de réaliser ces opérations. Ils sont très évolutifs et il est recommandé de se tenir informé en permanence des offres du marché, comme nous le notions dans *L'intelligence économique* (3) en citant Google Alert, toujours d'actualité (www.googlealert.com).

On introduit dans le système une équation logique et l'on reçoit, par exemple à fréquence hebdomadaire, le lot de références retenues pour ce profil par le moteur de recherche. Il est possible, à volonté, de modifier la formulation de recherche, d'annuler tel ou tel profil, d'en ajouter d'autres. (Je reçois ainsi, chaque mardi dans ma boîte aux lettres, un certain nombre de références sur quelques sujets qui me tiennent à cœur actuellement.)

Un certain nombre d'organismes spécialisés proposent des systèmes de recherche automatisée plus ou moins sophistiqués et des services à la carte. La société française Digimind a acquis dans ce domaine de services une réputation incontestable. L'*Annuaire 2008 des acteurs de l'intelligence économique* (12) (qui est une source fort précieuse de renseignements sur l'IE, sur laquelle nous reviendrons plus loin) indique qu'« avec plus de 200 clients et de nombreux dispositifs actifs de veille stratégique en France et à l'étranger, Digimind est le leader des logiciels de veille stratégique… »

Flux RSS (ou fils RSS)

Ils proposent également un suivi automatique d'informations. De quoi s'agit-il ? RSS signifie Really Simple Syndication (c'est-à-dire éditions simultanées réellement simples). Un flux RSS (appelé aussi fil RSS) est un fichier informatisé contenant des informations sur les messages d'un blog ou sur les articles d'un site Internet. Il est possible de s'abonner à un flux RSS pour en recevoir toutes les informations, directement, sur son ordinateur ou même sur son téléphone mobile. Il y a lieu d'installer au préalable un logiciel de lecture de flux. Un spécialiste de l'intelligence économique ne doit pas ignorer cette technique, très évolutive, même si elle peut paraître surtout adaptée aux informations générales concernant monsieur tout le monde. On trouve des fournisseurs proposant leurs services comme Arizona 2-1-1 Online RSS Feed : *« [it] sends newsflash and other key bulletins and alerts from the 2-1-1 Emergency Bulletins Page to computers, cell phones and other web enabled electronic devices ».* Pour se tenir informé, un abonnement « RSS Technology and Feeds » sur Google Alert fera l'affaire.

Interrogation périodique utilisant un moteur de recherche

Pour des raisons diverses (confidentialité, débit hebdomadaire insuffisant…), il est possible, plutôt que d'utiliser la recherche automatisée, de réaliser soi-même une interrogation périodique et de ne retenir que les références les plus récentes, celles captées depuis la précédente interrogation. Ceci peut se concevoir dans la surveillance des brevets, sur USPTO par exemple.

Les demandes ponctuelles sur des questions précises sont nombreuses et sont traitées en suivant le cheminement logique présenté en figure 8.

Téléchargement

Après obtention des références répondant aux demandes, un examen des titres et résumés est effectué et conduit le plus souvent, dans le cas des demandes ponctuelles, à une nouvelle formulation pour mieux répondre à chaque question posée. Ensuite intervient la phase de téléchargement des textes complets relatifs aux références les plus intéressantes. Certaines ne sont pas accessibles ou le sont seulement en lecture seule, sans possibilité de téléchargement ou d'impression. Dans ce dernier cas, il sera toutefois possible par commodité de réaliser des impressions d'écran d'une ou deux pages suivies d'un « Coller » dans un fichier PowerPoint par exemple.

3.3 INFORMATIONS HORS INTERNET LARGEMENT DIFFUSÉES

Hors Internet, de nombreuses sources d'information sont à connaître.

Ce sont d'abord les bases de données professionnelles (qui sont maintenant aux frontières d'Internet et s'y intègrent de plus en plus) et les périodiques, généralistes ou spécialisés. D'ailleurs, eux aussi sont de plus en plus accessibles sur Internet, mais l'abonnement à la version imprimée demeure en général obligatoire. Les thèses ne doivent pas être oubliées, notamment dans les domaines de pointe comme les différentes formes de high-tech, les télécommunications, la santé. (On aura d'intéressantes données sur les acteurs dans *Technologies clés 2010* (11), référence citée *supra*).

Venons-en aux informations relatives aux entreprises, aux activités commerciales, au marché. On doit songer tout particulièrement aux sociétés concurrentes et se procurer leurs communiqués de presse et leurs rapports annuels. Leur lecture et analyse fine sont toujours très instructives : elles concernent les résultats annoncés, mais sont aussi révélatrices de leur culture, de leur politique, de leurs principes d'action et de leur évolution. On peut obtenir de tels documents en s'adressant directement aux sociétés, par l'intermédiaire de revues économiques, ou encore par Internet.

Acquisition d'informations hors Internet, largement diffusées

Aux frontières d'Internet : **les bases de données.**
Les périodiques généralistes ou spécialisés.
Les thèses.
Les rapports annuels des sociétés.
Les études multiclient.
Les dossiers technico-économiques.

Les rapports annuels

Le rapport annuel émane de la direction générale, généralement de son secrétariat général. Il doit être suffisamment informatif pour être alléchant auprès des actionnaires ou ceux qui ont l'intention de le devenir. Il a ainsi souvent tendance à être optimiste et à embellir la situation.

Néanmoins, il est très utile et, sans révéler des secrets d'État, il est un élément nécessaire pour obtenir des informations sur une société concurrente :

- ses résultats financiers : le chiffre d'affaires consolidé de l'année précédente, le résultat d'exploitation, le résultat net, le bilan et le flux de trésorerie ;
- sa structure : le chiffre d'affaires par division, la répartition des effectifs sur la planète et par division, l'importance relative des divisions et des branches, l'importance de la R&D, les filiales principales.

Les études multiclient

Les **études multiclient** sont des recherches commercialisées en souscription dont les coûts sont partagés entre plusieurs clients. Elles sont proposées par des organismes spécialisés à des souscripteurs en nombre limité. Elles fournissent les chiffres de capacité de production, de production réelle, de répartition de tonnages produits entre différents procédés, les données récentes sur les procédés, la localisation des sites de production.

Elles ne doivent être utilisées, si elles existent sur le sujet choisi, que si l'on est sûr que l'investissement que représente leur achat est justifié (le coût peut atteindre entre 10 000 et 20 000 euros). Elles concernent plus le domaine technico-économique et commercial que l'information scientifique et technique, et sont parfois particulièrement intéressantes en veille concurrentielle. La connaissance des sites de production de concurrents peut être une source d'informations informelles captables en toute légalité, comme nous le montrons dans notre module sur le renseignement (3).

Ce type de produit ne semble plus commercialisé par Battelle ou Stanford Research Institute (devenu SRI International), qui étaient les leaders il y a quelques années. Battelle propose un contrat direct avec chaque client. Au printemps 2008, on lit sur le site de Battelle : « [...] *most Battelle reports are written under contract for clients. As a result, they are not available to the public.* »

Même tendance en 2008 chez SRI International : « *Everything we do at SRI is focused on achieving great results. To ensure we meet client needs every time, we have developed the Discipline of Innovation™*

approach to creating value, which is based on a set of best practices, tools, and processes. »

En 2008, de nombreux organismes, moins connus que Battelle ou SRI International, proposent des études multiclient. Par exemple, GIRA Foodservice « développe des problématiques communes à l'ensemble des acteurs et opérateurs de la filière restauration/foodservice. »

Les dossiers technico-économiques spécialisés

On pourrait bien classer ces documents dans les sources Internet car certains journaux économiques proposent des dossiers spécialisés soit sous forme papier soit sous forme de documents PDF accessibles sur un site dédié. Ces dossiers, qui coûtent de l'ordre de 1 000 à 3 000 euros, sont comparables aux études multiclient, mais le domaine traité est en général plus large. Leur achat peut se justifier en veille concurrentielle et en intelligence économique pour la remise à jour d'études économiques et commerciales générales.

Les études Eurostaf (www.eurostaf.fr) proposées par le groupe Les Échos sont à classer dans cette catégorie. L'éditeur précise : « Les experts d'Eurostaf ne vous proposent ni des recueils de statistiques, ni des études conceptuelles ou universitaires. Ils réalisent pour vous des études à visées opérationnelles, basées sur des recherches documentaires approfondies et sur des entretiens avec de nombreux professionnels ». Début 2008, on peut ainsi accéder, par exemple, dans le secteur Pharmacie-Santé à l'étude *L'Avenir de la distribution des produits de parapharmacie* (à partir de 1 450 euros), ou en Agroalimentaire à l'étude *Le Marché français des aliments santé et ses perspectives* (également à partir de 1 450 euros). (On notera, en observateur curieux, comme l'est tout bon spécialiste de l'IE, que la lecture du sommaire détaillé et du résumé, souvent substantiel, est particulièrement instructive et peut servir de « piste d'envol » pour des recherches sur Internet.)

3.4 INFORMATIONS SPÉCIFIQUES OU PEU DIFFUSÉES (HORS INTERNET)

Si l'on souhaite être parmi les mieux informés dans nos domaines d'activité, il ne faut pas se contenter de consulter les sources bien connues vues dans le paragraphe précédent. D'autres sources plus spécifiques, moins diffusées, doivent être intégrées dans le dispositif d'intelligence économique.

Acquisition d'informations spécifiques hors Internet, peu diffusées

Communiqués de presse.

Carnet de journaux économiques.

Presse locale.

Journaux régionaux.

Petites annonces.

Contacts avec journalistes spécialisés.

Journées portes ouvertes.

Journaux d'entreprise.

Catalogues de fournisseurs.

Etc.

Sans trop nous étendre sur les sources, car elles ne constituent pas le thème de notre étude consacrée aux techniques et aux outils de l'IE, nous ferons néanmoins quelques commentaires sur le contenu de la liste ci-dessus.

Les communiqués de presse sont lus dans les quotidiens et hebdomadaires économiques. Ils donnent les dernières nouvelles mais ils peuvent avoir un caractère publicitaire qui atténue leur objectivité. Un communiqué particulièrement intéressant doit être confirmé par d'autres sources et soumis à un expert du domaine.

Dans les mêmes périodiques économiques, le carnet est intéressant pour les nominations de cadres de direction ou leur mouvement. Il doit être systématiquement parcouru.

La presse locale est intéressante lorsqu'un important établissement d'un concurrent est installé dans une commune intégrée dans la zone géographique du journal. Il est évident par exemple que ce qui se passe à Évian, chez Danone, ne peut pas laisser de marbre les voisins suisses de chez Nestlé. C'est bien sûr la même chose au niveau des journaux régionaux.

Les petites annonces peuvent faire apparaître qu'une entreprise recherche tel ou tel spécialiste, ce qui peut conduire à des déductions sur ses projets à court terme.

Avoir des contacts personnels avec des journalistes spécialisés est intéressant pour le spécialiste de l'IE, qui sait qu'il est très utile de constituer un bon réseau de relations diverses, de le faire vivre, de l'enrichir avec le temps.

Les journées portes ouvertes des entreprises concurrentes ou de secteurs connexes peuvent aussi être une bonne source de renseignements. On pourra parfois y consulter des journaux d'entreprise et détecter des faits et informations significatifs.

Les catalogues de fournisseurs (d'appareillage, de matières premières, de produits élaborés) sont également très utiles : on devra se les procurer dès la parution de la dernière édition. Ils constituent des sources intéressantes d'informations de types technologique et technico-économique (n'oublions pas que la couverture de ces domaines par les bases et banques de données, même si elle s'améliore, n'est pas parfaite).

Exercice : Compléter la liste donnée en début de paragraphe (encadré) en trouvant au moins trois nouvelles sources d'informations spécifiques pour remplacer les points de suspension.

3.5 ACQUISITION DE RENSEIGNEMENTS

Les derniers points abordés soulignent le fait qu'il faut toujours avoir l'objectif d'être très bien informé dans nos domaines d'activité et être capable de rechercher et de collecter les informations informelles, non publiées.

La collecte, en continu, de renseignements épars est la plus difficile à définir d'abord, à organiser ensuite. **Elle est vitale en intelligence économique.**

C'est là qu'interviennent les « **autres observateurs** », qui forment l'appoint des « institutionnels » des services d'information documentaire. Ce sont des cadres, techniciens, commerciaux ou agents de maîtrise qui, par leur fonction dans la société, sont amenés à avoir des contacts intéressants avec l'extérieur, soit parce qu'ils voyagent, soit parce qu'ils reçoivent.

Ils rencontrent des techniciens, des clients, des fournisseurs, des constructeurs d'appareillage, ou, directement, des concurrents.

Ils sont de spécialités très diverses : chercheurs ou concepteurs d'installations participant à des congrès ; commerciaux ou hommes de marketing et de développement se rendant dans les foires, expositions, manifestations importantes, chez les fournisseurs ou les sous-traitants ; agents des réseaux de vente au cours de leurs visites de clientèle. Tous ces salariés de l'entreprise peuvent obtenir, le plus légalement du monde, d'intéressantes données, récentes, mais de qualité variable, donc à contrôler.

Une collecte systématique mais bien ciblée de prospectus dans les foires et expositions, par exemple, suivie de leur analyse, peut se montrer particulièrement payante.

Il sera de même intéressant de rendre compte des informations recueillies au cours de visites techniques ou commerciales.

Quelques conseils de base pour acquérir de l'information dans les foires, expositions, salons

1. Étudier au préalable la liste des exposants et/ou participants.
2. Déterminer la liste des stands les plus intéressants, à voir sans faute.
3. Établir une liste des questions à poser dans chacun des stands avec un ordre de priorité.
4. Si plusieurs visiteurs sont prévus, bien répartir les rôles, les stands affectés à chacun.
5. Toujours respecter l'éthique et la déontologie, par exemple demander l'autorisation d'enregistrer, le cas échéant, des images ou du son.
6. Diffuser les informations clés de façon ciblée, uniquement à chaque expert concerné.

Règles d'éthique et de déontologie

Chaque entreprise mettant en place un dispositif d'intelligence économique **doit obligatoirement élaborer une charte d'éthique et de déontologie** correspondant à ses objectifs et à son système propre. Nous rappellerons brièvement notre paragraphe sur ce thème dans notre ouvrage de référence (3), qui cite le livre de Michel Besson et Yolaine Laloum (13) où est présenté un fort intéressant développement sur la « déontologie des acteurs et des prestataires du renseignement commercial ». Ils nous rappellent tout d'abord la définition officielle de la déontologie proposée par la Commission nationale de déontologie de la sécurité (CNDS, www.cnds.fr) :

> « La déontologie se définit comme la science des devoirs. À la charnière du droit et de la morale, elle s'attache à déterminer, pour une profession ou une activité donnée, des solutions pratiques à des problèmes concrets. La déontologie régit le comportement professionnel mais tend également à créer un état d'esprit. »

Fondateur du Bureau européen d'informations commerciales (BEIC), Michel Besson a créé une charte d'engagement du personnel de BEIC qui peut servir d'exemple (3) (13).

Chaque entreprise impliquée dans l'intelligence économique et la collecte de renseignements devrait s'inspirer de cette charte d'engagement du personnel de la société BEIC, en l'adaptant à son propre cas, pour définir de façon précise la déontologie de cette activité.

3.6 Réseaux de renseignements

La participation active de chacun aux diverses manifestations doit être complétée par l'organisation de réseaux de correspondants, salariés de l'entreprise, en France et dans les pays économiques majeurs.

Rappelons qu'un système de veille stratégique ou d'intelligence économique est organisé en réseaux.

Le réseau des observateurs, qui alimente le réseau des groupes d'experts en information publiée, **est complété par le réseau des autres observateurs** : ce sont les correspondants chargés de collecter les renseignements (captés dans les contacts avec les fournisseurs, les clients, les concurrents…) et de les transmettre, sous une forme adaptée, à l'animateur du groupe d'experts auquel ils sont affectés. Ces autres observateurs, affectés à un groupe d'experts particulier, sont entre quatre et six par groupe (c'est une moyenne), ils sont majoritairement des commerciaux. Le responsable de chaque groupe d'experts connaît personnellement chacun de ses observateurs, ils ont été contactés au préalable et ne sont intronisés que s'ils ont donné leur accord pour transmettre des renseignements. Il faut qu'il y ait une bonne entente entre le responsable du groupe et chacun de ses observateurs, il doit les recevoir, en tête-à-tête, plusieurs fois dans l'année pour pérenniser leurs bonnes relations et les inciter à bien transmettre leurs renseignements. Un système centralisé au siège, impersonnel et administratif est voué à l'échec.

Le formulaire « Capteur d'information » recommandé pour l'envoi de ces renseignements est représenté sur la figure 10. Il pourra être transmis par courrier postal, sous double enveloppe, pour ne pas étaler au grand jour son caractère confidentiel, ou, si l'on a un système vraiment sécurisé, par Intranet.

Exemple de formulaire pour les « autres observateurs »
Thème :
Information :
Estimation du degré de validité
Expéditeur :   1   2   3   4
Destinataire :   1   2   3   4
Code expéditeur :   Destinataire :   Source :   Date :   *La source n'est généralement pas indiquée*

Figure 10. Capteur d'information

Plan de renseignement

La recherche et la collecte d'informations informelles, de renseignements, sont des opérations capitales en intelligence économique.

Cette recherche et cette collecte ne doivent pas être centralisées au niveau de l'entreprise.

L'expérience montre que l'on a intérêt à décentraliser au maximum, c'est-à-dire au niveau de chaque groupe d'experts en charge d'un sujet précis.

Chacun de ces groupes a la responsabilité de son propre **plan de renseignement** et donc, dans chaque entreprise, il y a plusieurs plans de renseignement distincts : quatre, cinq ou six dans une petite entreprise, des dizaines dans un grand groupe.

Exemple d'un plan succinct de renseignement

Malgré la décentralisation, il est recommandé de donner aux animateurs des groupes d'experts les lignes générales pour établir ce plan de renseignement. En effet, ils ne sont pas des spécialistes de l'information et il est bon de leur donner un canevas d'actions.

Nous allons successivement présenter les cinq points constituant le plan de renseignement.

Liste des correspondants

Établie par l'animateur du groupe, elle comporte les noms, adresses, numéros de téléphone et fax, adresse e-mail de chacun. Cette liste est confidentielle, strictement personnelle à l'animateur et généralement non diffusée à chaque observateur. Ces correspondants, ces « autres observateurs », travaillent soit en France, bien sûr, soit dans les pays industriels majeurs comme le Japon, les États-Unis, le Royaume-Uni et l'Allemagne, auxquels s'ajoutent maintenant la Corée, l'Inde, la Chine, Singapour ou le Brésil.

Sujets prioritaires

À l'intérieur de chaque groupe, il est nécessaire de bien préciser les points actuellement prioritaires : il n'est pas suffisant de dire, par exemple, que tout ce qui concerne les carbures métalliques nous intéresse, il y a lieu de donner la prééminence aux sujets critiques. Cela n'interdit pas, bien entendu, à chaque correspondant, de communiquer, mais avec discernement, d'autres renseignements qu'il jugerait intéressant, en dehors des points prioritaires.

Formulaires capteurs d'information

Ces documents sont généralement simples : ils comportent, au minimum, la date, l'intitulé du sujet, le texte en une phrase ou deux du renseignement à communiquer, le degré estimé de validité du renseignement et le code de l'expéditeur. La source extérieure d'où provient l'information n'est en général pas indiquée.

La figure 10 représente un de ces formulaires capteurs d'information.

Règles de mémorisation

Chaque groupe d'experts doit disposer de suffisamment d'autonomie pour juger lui-même de sa politique de mémorisation, qui diffère largement d'un groupe à l'autre en fonction de la personnalité de l'animateur. Nous retiendrons qu'en principe, le stockage d'informations n'étant pas du tout un objectif de l'intelligence économique, seules sont mémorisées certaines informations publiées communiquées par le réseau principal d'observateurs. On y ajoutera les informations internes importantes (notes techniques, rapports de synthèse). Mais les informations informelles, les renseignements sont considérés comme des matières consommables. Ils sont utilisés, puis simplement archivés, par ordre chronologique, par l'animateur du groupe.

Règles du jeu

On risque souvent de se trouver aux frontières de l'information ouverte et de l'information fermée. Il est donc impératif de bien définir l'éthique et la déontologie de l'entreprise en intelligence économique : où peut-on aller ? Quelles sont les limites à ne pas franchir ?

On pourra retenir les quelques préceptes suivants :

* comme indiqué plus haut, les renseignements sont captés en respectant la déontologie : seule l'information ouverte est prise en compte ;
* la discrétion est recommandée, mais il faut rappeler que l'on obtient souvent des renseignements en en fournissant soi-même en échange ;
* il appartient à chaque correspondant de juger de ce qu'il peut dire ou ne pas dire ;
* il est vivement recommandé de faire preuve de fair-play.

Les cinq points du plan de renseignement
1. Liste des correspondants.
2. Sujets prioritaires.
3. Formulaires capteurs d'information
4. Règles de mémorisation.
5. Règles du jeu (éthique et déontologie).

Après validation et analyse, les renseignements transmis par les autres observateurs sont intégrés dans la fiche synthèse-action (3) que le groupe d'experts transmet périodiquement au réseau des décideurs.

Ces acteurs et ces actions sont représentés sur la figure 11, « Les réseaux de l'intelligence économique ». Sans être universelle, cette structure est très fréquente dans les grands groupes français ou européens.

La fiche synthèse-action sera présentée et étudiée dans le chapitre 5 relatif à l'exploitation de l'information.

Nous reviendrons sur le fonctionnement des différents réseaux dans le chapitre 4 relatif aux techniques de diffusion.

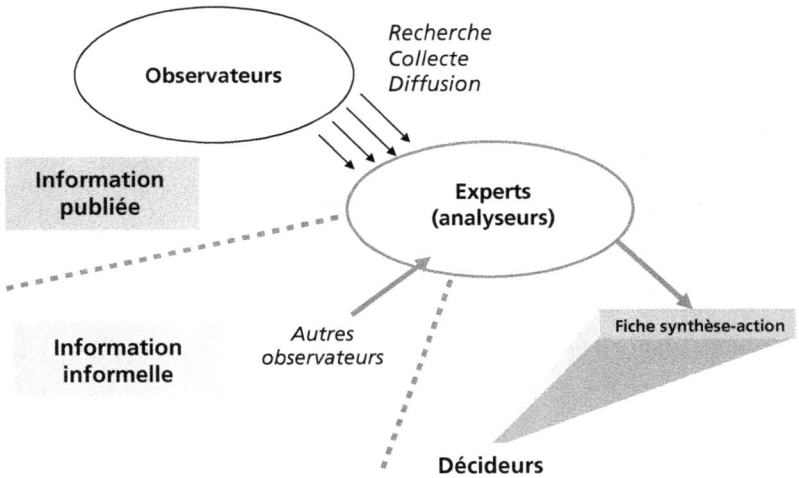

La recherche, collecte, diffusion se fait par les observateurs (information publiée) et par les autres observateurs (information informelle). Les experts récupèrent ces informations et rédigent une fiche synthèse-action pour les décideurs.

Figure 11. Les réseaux de l'intelligence économique

Synthèse

Les sources d'information publiée ont une importance majeure. Il est nécessaire de bien en surveiller les éventuels changements et de procéder aux mises à jour, en particulier pour Internet, car les systèmes de recherche, les moteurs, les portails sont en perpétuelle évolution.

L'acquisition d'information informelle est essentielle. Cela implique un très bon fonctionnement des réseaux et plans de renseignement.

LES OUTILS

- Outils d'acquisition d'informations publiées sur Internet (3.2).
- Formulaire capteur de renseignement (3.6).
- Plan de renseignement (3.6).

Chapitre 4

Les techniques de diffusion
de l'intelligence économique

4.1 LES DIVERSES FORMES DE DIFFUSION

Il existe deux formes distinctes de diffusion. Elles concernent les trois familles d'acteurs de l'intelligence économique et recouvrent diverses classes d'information :

* la diffusion de l'information brute qu'elle soit secondaire (références) ou primaire (documents complets) ;
* la diffusion de l'information élaborée émanant des groupes d'experts après analyse, validation, synthèse.

D'autres diffusions interviennent entre les différents réseaux de l'IE et au sein même de ces réseaux. La diffusion informatique occupe une place essentielle dans l'ensemble du dispositif.

Information brute

Diffusion des références

Après l'opération de recherche et de collecte de références, celles-ci sont diffusées, sous forme de résumés dans l'immense majorité des cas, aux animateurs des groupes du réseau d'experts.

Le débit de références correspondant aux interrogations périodiques des sources est considérable et nécessite une organisation adaptée. La lecture des résumés de références conduit, dans le réseau des experts, à une certaine sélection. Il en résulte des commandes de documents complets, transmises au réseau des observateurs, professionnels de la documentation. Ils effectuent l'opération de collecte des documents complets, puis la diffusion de ceux-ci vers les experts. Cette diffusion peut être réalisée par courrier, directement de la source extérieure vers le destinataire lorsque cela est estimé souhaitable.

Mais l'utilisation du courrier électronique entre les réseaux d'observateurs et d'experts se développe, pour gagner du temps, et surtout parce que l'adjonction de pièces jointes complémentaires est souvent nécessaire. L'Intranet est également employé de façon de plus en plus efficace et optimisée pour la recherche automatisée de références qui sont directement diffusées aux destinataires.

À la surveillance systématique par profils, s'ajoutent les demandes ponctuelles qui conduisent à des diffusions spécifiques personnalisées.

Elles correspondent généralement à un débit de diffusion beaucoup plus limité que celui de la diffusion périodique sur abonnement.

Diffusion de l'information informelle

La diffusion comprend aussi une autre composante fondamentale : l'information informelle collectée puis diffusée par les « autres observateurs » vers les experts. Le débit correspondant est marginal, inférieur même à celui des demandes ponctuelles, mais nous qualifions cette diffusion de fondamentale car elle concerne des renseignements qui peuvent être de grande valeur et qu'il est hors de question, en intelligence économique, de ne pas prendre en compte.

La diffusion, dans ce domaine, se limite à l'envoi aux experts des formulaires capteurs, vus dans le chapitre précédent, dans lesquels les autres observateurs ont noté l'information informelle, le renseignement recueilli.

Information élaborée

La diffusion, très confidentielle, des documents de synthèse émanant des experts se fait dans des conditions contrôlées de discrétion.

Les entreprises utilisent de préférence le courrier avec double enveloppe. La première est banale, la seconde, à l'intérieur, porte la mention « Confidentiel ».

Mais il est aussi possible d'utiliser une partie protégée d'Intranet pour cette diffusion. Cette voie semble se généraliser.

4.2 OPTIMISATION DE LA DIFFUSION EN RÉSEAU

Réseaux de diffusion

Ils sont constitués de quatre composantes distinctes (dont nous avons présenté la deuxième, celle des autres observateurs, dans le chapitre précédent) :

- le réseau d'observateurs ;
- le réseau d'autres observateurs ;
- le réseau d'experts ;
- le réseau de décideurs.

La figure 11 du chapitre 3 nous a donné la structure des liens entre ces différents réseaux de diffusion. Elle montre qu'après analyse, validation, synthèse, l'information élaborée (outil d'aide à la décision sous forme de la fiche synthèse-action) est diffusée vers les décideurs pour une utilisation dans les prises de décision stratégique, point sur lequel nous revenons dans l'exploitation.

Nous rappelons que si les observateurs sont des professionnels, des documentalistes impliqués à 100 % de leur temps dans la recherche, la collecte, l'acquisition des informations publiées, **les autres observateurs**, eux, sont très souvent des commerciaux, mais aussi des producteurs, des techniciens d'installation… qui ne consacrent à l'intelligence économique que quelques pour cent de leur temps.

> Insistons sur le fait que le point central, la pierre angulaire de tout système d'intelligence économique est bien le réseau d'experts, spécialistes des domaines d'activité de l'entreprise.

C'est lui qui bénéficiera des techniques du knowledge management (KM), d'abord pour l'exploitation des informations internes, ensuite pour les contacts avec ses correspondants, pour les problèmes de liaison et de diffusion pouvant concerner aussi bien l'information interne que l'information externe.

Diffusion informatique

On met de plus en plus à la disposition des décideurs un système informatisé. Une banque de données interne est constituée à partir des rapports finaux résultant de l'analyse et de la validation. Elle est interrogeable à distance soit par le réseau informatique central de la société soit, le plus souvent, par Intranet. Mais nous devons recommander une extrême prudence pour les modalités d'accès, avec deux mots de passe en série et obligation de changement fréquent de ceux-ci.

Le système informatisé peut également se concevoir hors réseau par diffusion de CD-ROM ou de DVD mis à jour régulièrement pour une utilisation en mode local. Ce processus peut être préféré lors de cette diffusion finale car il présente une plus grande garantie de confidentialité.

Les techniques développées par le knowledge management font leur apparition, notamment la **diffusion push-pull**. Celle-ci est tout à fait analogue à la DSI (diffusion sélective de l'information), utilisée depuis des années par les services de documentation pour alimenter périodiquement en information externe leurs « clients », chercheurs, concepteurs.

Il est fort judicieux de mettre en place un dispositif plus complet où, à côté des informations externes, sont également diffusées les informations internes présentant de l'intérêt. Comme nous l'avons souligné plus haut, les informations internes sont souvent moins bien traitées que les informations extérieures, et c'est un mal auquel il faut remédier. Le KM nous en apporte les moyens, nous le verrons plus loin.

4.3 LA PRISE EN COMPTE DU FACTEUR TEMPS : RAPIDITÉ DE TRANSFERT, URGENCE

L'exploitation de l'information, la rédaction par les experts de documents de synthèse demandent du temps. Il y a lieu de prévoir la diffusion, en cas de besoin, d'une **feuille d'information flash** vers la direction générale, sans abuser toutefois de ce système, car il ne faut pas oublier que les décideurs sont surinformés.

Si l'on diffuse un bulletin ciblé d'intelligence économique, il est impératif d'opérer très rapidement : le bulletin est diffusé au maximum quarante-huit heures après réception des revues originales, avec une fréquence de parution quotidienne, sous forme d'une simple feuille recto verso.

Les différentes formes de diffusion

Diffusion push-pull de **l'information brute** et de **l'information élaborée** (émanant des groupes d'experts) :

- diffusion périodique sur abonnement (profils) ;
- diffusion ponctuelle sur demande.

Réseaux de diffusion :

- réseau d'observateurs ;
- réseau d'autres observateurs ;
- réseau d'experts ;
- réseau de décideurs.

Diffusion informatique :
- très largement utilisée, notamment avec Intranet et les techniques de KM ;
- peut être complétée par la diffusion d'un bulletin interne (électronique ou papier) de l'IE.

Utilisation d'Intranet et des techniques de knowledge management (KM)

Élément du knowledge management (KM ou gestion des connaissances), le groupware[1] facilite le travail d'équipes pluridisciplinaires grâce aux applications telles que la bibliothèque électronique, la messagerie, la conférence électronique, les applications de suivi (agendas et plannings partagés, suivi de projets, suivi de dossiers clients…) et les applications de routage comme le workflow.

Rappelons que le **workflow** (3) désigne l'automatisation de tout ou partie d'un processus d'entreprise durant lequel l'information, le document ou la tâche est **acheminé** (ou routé) d'une personne à l'autre, selon des règles prédéfinies. L'ensemble constitue **un réseau d'acteurs ayant des objectifs communs**.

Ce concept de workflow est tout à fait intégrable dans un système d'intelligence économique qui a pour objectif l'usage offensif et optimisé de l'information.

Le problème de l'optimisation de l'usage de l'Intranet, s'il est plus un problème de knowledge management, doit également être pris en compte par les concepteurs d'un dispositif d'intelligence économique. Le développement de portails d'entreprise, largement structurés par les besoins spécifiques de partage et de diffusion des connaissances de l'entreprise, les groupwares et les applications de routage élaborées doivent bénéficier à l'intelligence économique. (Voir chapitre 5, « Les techniques d'exploitation », le paragraphe 5.7 où nous revenons sur ce point.)

---

1. Le groupware est un ensemble de méthodes et de techniques de travail en équipe. Cette notion est développée ci-après, paragraphe 5.7.

4.4 Confidentialité, ciblage : choix précis des destinataires

La confidentialité est un des aspects les plus importants de l'opération de diffusion des rapports pour action ou décision. La négliger conduit à des ennuis extrêmement sérieux.

Nous recommandons de bâtir un **plan de diffusion** précis comportant les noms des expéditeurs et des destinataires sous forme d'une matrice où chaque couple expéditeur-destinataire sera examiné, au cas par cas, pour déterminer le mode de diffusion à retenir et les précautions correspondantes.

Attention à la confidentialité si l'on diffuse un bulletin interne d'intelligence économique. Si la concurrence peut s'en procurer quelques numéros, elle sera au courant des centres actuels d'intérêt majeurs de l'entreprise.

La cryptographie peut s'avérer indispensable pour un certain nombre de documents confidentiels. Cette action doit obligatoirement être intégrée dans le projet IE que l'on établira si l'on est chargé de mettre en place de façon systématique l'intelligence économique.

La sécurisation de l'Intranet doit être effective. Il y a lieu de définir plusieurs degrés de confidentialité et des règles d'accès et de contrôle strictes et vérifiées de façon permanente.

4.5 Création d'un plan de diffusion

Qu'est-ce qu'un plan de diffusion et à quoi sert-il ?

C'est un document, ou le plus souvent un ensemble de documents, permettant la définition de la politique de diffusion et la gestion effective de cette diffusion.

Ciblage

Il convient d'abord de gérer le ciblage des flux d'informations diffusées, comme indiqué dans le paragraphe précédent. Pour chaque sujet mis sous surveillance, il faut définir les destinataires des envois systématiques de profils et le destinataire des renseignements envoyés par les autres observateurs. Pour ces derniers, les autres observateurs, c'est, logiquement l'animateur du groupe d'experts auquel ils sont affectés.

Confidentialité

À chaque couple profil-destinataire sera attribué un degré de confidentialité. Généralement, la diffusion large et généralisée n'ayant pas à être considérée en intelligence économique, on retiendra les trois degrés suivants :

- secret ;
- confidentiel ;
- diffusion restreinte.

L'importance de la protection du patrimoine et des échanges d'informations conduit à préciser ce point en détail dans un chapitre spécial, la sécurisation. Celle-ci doit être incluse dans le plan de diffusion. Nous consacrons le paragraphe 4.7, à ce point très important en intelligence économique.

Confidentialité et ciblage de la diffusion

Un degré de confidentialité doit être attribué à toute information à transmettre.

Des plans de diffusion doivent être élaborés, définissant et ciblant les organismes et les personnes destinataires des informations à transmettre.

Des règles d'accès doivent préciser les conditions d'obtention des informations diffusées (ou mémorisées).

Un contrôle permanent du respect des règles de confidentialité doit être prévu et effectivement réalisé.

Urgence

Le facteur temps est déterminant, essentiel pour les prises de décisions à caractère stratégique. Mais il y a lieu de définir plusieurs degrés d'urgence. Ainsi la fiche synthèse-action élaborée par chaque groupe d'experts demande du temps pour l'analyse, la validation, la synthèse des documents bruts diffusés et des renseignements captés. Il faut l'élaborer sans perdre de temps, mais elle n'a pas le caractère d'urgence d'une information flash, d'un scoop saisi occasionnellement qu'il importe de faire connaître sans tarder à la direction générale.

Nous pouvons concevoir et définir trois degrés d'urgence :

* urgence flash ;
* urgent ;
* périodique.

C'est dans cette dernière catégorie que seront placées les fiches synthèse-action dont le respect de la périodicité, généralement le bimestre ou le trimestre, devra être contrôlé.

Rapidité, urgence

Le facteur temps est essentiel en intelligence économique, acquérir une information le plus vite possible est un impératif.

Information flash : une information de grande importance, un scoop doivent être transmis sans attendre aux dirigeants.

Intranet : son emploi judicieux et optimisé doit permettre une diffusion rapide et bien ciblée de toute information à transmettre en évitant la surinformation.

Les techniques de knowledge management, de workflow apporteront une contribution positive à ce besoin de mise à disposition rapide.

Sécurisation

Les réseaux télématiques étant très largement utilisés dans notre activité d'intelligence économique, il importe d'être très vigilant en ce qui concerne la sécurisation des systèmes informatiques. C'est pourquoi nous y consacrons le paragraphe 4.7.

La figure 12 « Bâtir un plan de diffusion » indique ce qu'il faut bien comprendre pour créer cet important outil de diffusion.

Elle propose de faire apparaître dans le plan de diffusion :

* les principes de base retenus (car chaque entreprise devra édicter ceux qu'elle estime lui convenir). Ce sont en général les quatre points cités plus haut : ciblage, confidentialité, urgence et sécurisation ;

* les règles de fonctionnement de chaque principe de base, avec les précisions nécessaires.

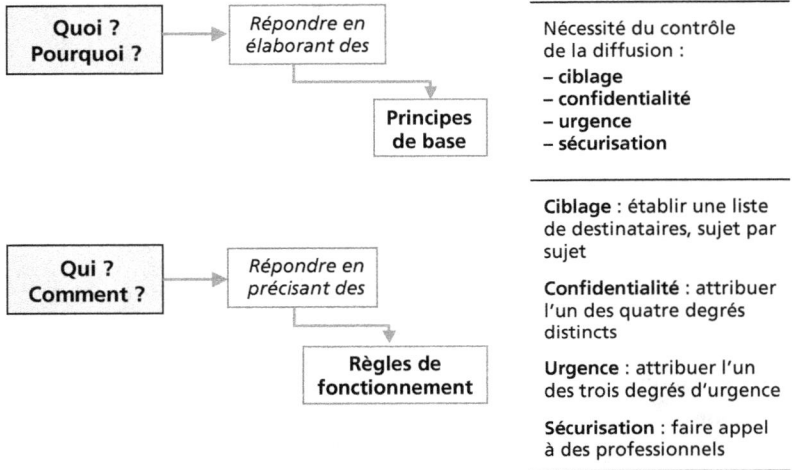

Principes de base, en général ce sont les 4 suivants : ciblage,
confidentialité, urgence et sécurisation
Règles de fonctionnement = règles à définir pour chaque principe de base

Figure 12. Bâtir un plan de diffusion

4.6 VECTEURS DE DIFFUSION GÉNÉRALE

Structures d'échanges périodiques

Il est parfois utile de publier des macro-profils, profils concernant plusieurs secteurs, sous forme de bulletins de fréquence hebdomadaire, bimensuelle ou mensuelle, contenant les résumés sélectionnés dans la phase de recherche.

On peut aussi se poser la question de l'intérêt qu'il y aurait à diffuser un **bulletin interne d'intelligence économique**, à parution hebdomadaire, voire quotidienne, qui contiendrait des informations de tout type, concernant les sujets de la société pris en compte par le système. Un bulletin très général n'est pas très recommandé, surtout pour les sociétés importantes où l'IE concerne plusieurs dizaines de sujets différents.

En revanche, on peut très bien concevoir un périodique se limitant au domaine économique, au marché et à ses tendances, à partir du dépouillement centralisé des revues nationales ou étrangères correspondantes en y ajoutant les informations internes importantes. Ce type de périodique existe dans un certain nombre d'entreprises, nous avons pu le constater.

Structures d'échanges permanentes

Internet, Intranet

Chacun dispose d'Internet ou d'Intranet, ce qui est un moyen efficace de joindre, en cas de besoin, tel ou tel expert pour obtenir son avis ou adresser une pièce jointe dans sa boîte aux lettres. Cet usage maintenant très généralisé doit s'accompagner, en intelligence économique, de précautions, de discrétion et de sécurisation, point que nous développons dans le paragraphe suivant.

Téléphone mobile

C'est devenu pour les grands voyageurs comme pour les autres un moyen de choix pour contacter n'importe qui, n'importe où. La messagerie vocale, les SMS (Short Message System), les MMS (Multimedia Messages System) sont très intéressants pour contacter votre correspondant s'il n'est pas disponible instantanément, sous forme d'un message mémorisable. Ces dispositifs sont de plus en plus utilisés et j'en apprécie beaucoup l'usage dans la vie quotidienne, le grand voyageur ne peut plus s'en passer. Mais attention, il vaut mieux ne pas utiliser le mobile, en direct ou en asynchrone, pour transmettre des données confidentielles. Cela va sans dire, mais cela va encore mieux en le précisant.

Journal téléphonique

C'est un moyen commode pour diffuser dans l'entreprise l'esprit intelligence économique et donner des informations générales, par exemple en diffusant chaque semaine les points débattus en réunion des chefs de service. Nous avons déjà utilisé ce système dans un centre de recherche où il est devenu de plus en plus apprécié. Ce journal téléphonique a plus un rôle sociologique, sociétal, que technique ou économique, mais il contribue à diffuser un esprit favorable à l'IE, même si les informations strictement intelligence économique sont assez rares.

Téléconférences

Proposés depuis une bonne douzaine d'années, ces systèmes n'ont peut-être pas connu le succès que ses promoteurs en attendaient. Il faut tout de même souligner leur intérêt pour réduire les frais de déplacement en cette époque de mondialisation. Ils ont sans doute souffert de la généralisation de l'usage de l'Internet et de l'Intranet qui, grâce aux courriels, aux pièces jointes variées qu'on peut y adjoindre, à l'usage des webcams, équivalent, en plus convivial, à des conférences asynchrones télématiques (CATS), que certains experts utilisaient chez Elf Aquitaine dès 1992.

Nous disposons donc de différents **vecteurs de diffusion générale** :

- bulletin interne d'IE ;
- Internet, Intranet ;
- téléphones mobiles ;
- journaux téléphoniques ;
- téléconférences...

Ils constituent des **outils importants** que l'on utilisera judicieusement, en ayant toujours à l'esprit les règles de discrétion et de confidentialité.

4.7 SÉCURISATION DES ÉCHANGES

Pour l'information à haute valeur ajoutée, notamment les fiches synthèse-action, il est nécessaire de protéger les documents par des pare-feu ou par la cryptographie.

Pour les envois d'informations par Internet, de nombreux logiciels qui permettent des transferts sécurisés sont proposés par les fournisseurs.

Il y a lieu de considérer la sécurisation des échanges avec professionnalisme : il s'agit d'un travail de spécialistes. Il importe de connaître les organismes auxquels il faut faire appel. Nous en donnons donc quelques éléments.

Cryptographie

Rappelons d'abord que la cryptographie est un procédé permettant de rendre un message inintelligible, de protéger des données. Le procédé peut utiliser des techniques variées : signes conventionnels, modification de l'ordre, de la disposition des signes par des clés de codage, remplacement des signes.

On parle aussi de chiffrement (opération par laquelle on chiffre un message), ou de codage pour rendre inutilisable un texte lisible si l'on ne connaît pas la clé de déchiffrement.

Longtemps exclusivement réservée au domaine militaire, la cryptographie s'est nécessairement démocratisée depuis le début des années 1990. On distingue deux types de cryptographie : à clés symétriques, ou secrètes ; ou bien à clés asymétriques (ou publiques/privées). Elles visent à transformer, à l'aide de convention secrète, des informations ou des signaux clairs en informations ou signaux inintelligibles pour des tiers, au moyen de logiciels (de plus en plus complexes) ou matériels conçus à cet effet.

Acteurs majeurs de la sécurité informatique

Nous distinguerons, comme le montre la figure 13 :

- les organismes officiels français : la DCSSI et le CERTA ;
- les organismes privés français : le CLUSIF et l'OSSIR ;
- l'organisme mondial : le FIRST.

La DCSSI

La Direction centrale de la sécurité des systèmes d'information (DCSSI) a été instituée par décret[1] le 31 juillet 2001. Elle est placée sous l'autorité du chef du SGDN, le secrétariat général de la Défense nationale. (Et il est logique que le haut responsable de l'intelligence économique soit également affecté à cet organisme dépendant directement de Matignon.)

---

1. http://www.ssi.gouv.fr/fr/dcssi/decretdcssicissi.html.

Organismes officiels français

SGDN (engloble la DCSSI et le CERTA)
Secrétariat général de la Défense nationale

rattaché au Premier ministre

D C S S I   www.ssi.gouv.fr
Direction centrale de la sécurité
des systèmes d'information

C E R T A

Centre d'expertise
gouvernementale de
réponse et traitement
des attaques
informatiques

www.certa.ssi.gouv.fr

Le CERTA
est membre
du FIRST

Organisme mondial

F I R S T

Forum of
Incident
Response and
Security
Teams

www.first.org

Organismes privés français

C L U S I F	**O S S I R**
Club de la sécurité des systèmes d'information français	Observatoire de la sécurité des systèmes d'information français et des réseaux
www.clusif.asso.fr	**www.ossir.org**

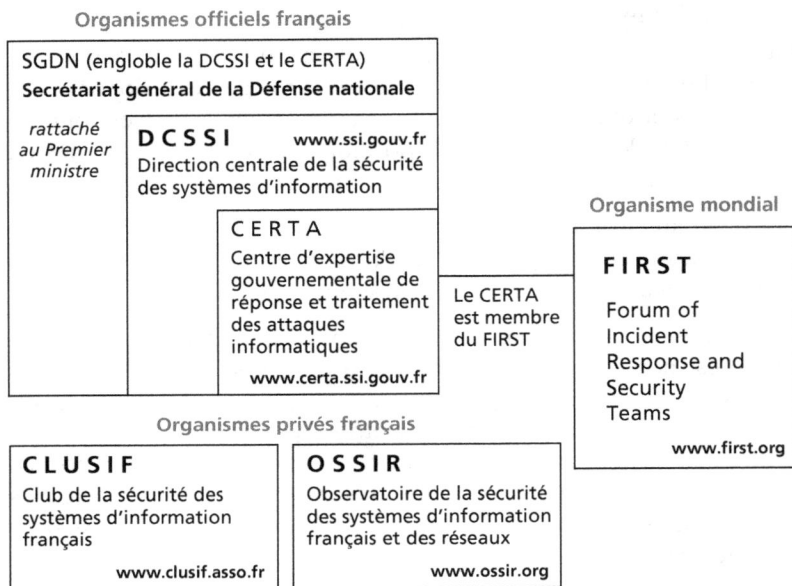

Figure 13. Acteurs majeurs de la sécurité informatique

La DCSSI a pour mission de :

- contribuer à la définition interministérielle et à l'expression de la politique gouvernementale en matière de sécurité des systèmes d'information ;
- assurer la fonction d'autorité nationale de régulation pour la SSI en délivrant les agréments, cautions ou certificats pour les systèmes d'information de l'État, les procédés et les produits cryptologiques employés par l'administration et les services publics, et en contrôlant les centres d'évaluation de la sécurité des technologies de l'information (CESTI) ;
- évaluer les menaces pesant sur les systèmes d'information, donner l'alerte, développer les capacités à les contrer et à les prévenir (CERTA[1]) ;
- assister[2] les services publics en matière de SSI ;

---

1. http://www.certa.ssi.gouv.fr/.
2. http://www.ssi.gouv.fr/fr/dcssi/conseil.html.

- développer l'expertise scientifique et technique dans le domaine de la SSI, au bénéfice de l'administration et des services publics ;
- former et sensibiliser à la SSI (grâce au Centre de formation à la sécurité des systèmes d'information, CFSSI[1]).

Le CERTA

Le Centre d'expertise gouvernemental de réponse et de traitement des attaques informatiques a, dans l'ensemble du dispositif de sécurisation, une place importante pour la détection des menaces et les mesures à prendre pour les contrer.

Le CERTA a été créé le 19 janvier 1999, rattaché à la Direction centrale de la sécurité des systèmes d'information (DCSSI) au sein du secrétariat général de la Défense nationale (SGDN). Il est chargé d'assister les organismes de l'administration à mettre en place des moyens de protection et à résoudre les incidents ou les agressions informatiques dont ils sont victimes.

Il constitue le complément indispensable aux actions préventives déjà assurées par la DCSSI et qui se situent plus en amont dans la démarche de sécurisation des systèmes d'information.

Les deux principaux objectifs du CERTA sont d'assurer la détection des vulnérabilités et la résolution d'incidents concernant la sécurité des systèmes d'information (SSI). S'y ajoute également l'aide à la mise en place de moyens permettant de se prémunir contre de futurs incidents. Afin d'assurer ces objectifs, les trois missions suivantes doivent être menées en parallèle :

- assurer une veille technologique ;
- organiser la mise en place d'un réseau de confiance ;
- piloter la résolution d'un incident (si besoin en relation avec le réseau mondial des CERTs).

Le CERTA est membre du FIRST depuis le 12 septembre 2000 et participe à l'activité TF-CSIRT[2] (Computer Security Incident Response

© Groupe Eyrolles

---

1. http://www.ssi.gouv.fr/fr/formation/.
2. http://www.terena.org/activities/index.php?action=set_filters&filters[activity_type_id]=1/tf-csirt.

Team), qui est la coordination des CERT européens. Il participe au réseau mondial des CERT (Computer Emergency Response Team). La consultation du site www.certa.ssi.gouv.fr permet d'accéder au Bulletin d'alerte du CERTA, qui analyse les risques apparaissant sur le réseau Internet.

Les alertes diffusées régulièrement sur ce site sont « des documents destinés à prévenir d'un danger immédiat ». Ainsi, fin mars 2008, les alertes 1 à 4 de 2008 concernent la vulnérabilité dans Apple Quick Time, Joomla !, Excel et Vmware.

Le FIRST (Forum of Incident Response and Security Teams)

Dans les années 1980, peu après l'incident du « ver Internet », le DoE (le Département de l'énergie américain) créait son propre centre d'alerte, le CIAC[1] (Computer Incident Advisory Capability), pour servir ses clients. Durant les deux années qui suivirent, le nombre d'équipes continua à progresser de par le monde, chacune avec ses propres finalités et financements. Les difficultés de communication inhérentes (standards internationaux, langues, conventions) risquaient de compromettre l'intérêt premier du dispositif : une coordination centralisée.

En octobre 1989, un autre incident majeur ayant affecté plusieurs nœuds du réseau SPAN (Space Physic Academic Network) révéla la nécessité d'un meilleur dialogue entre ces diverses structures. Le FIRST fut alors créé en 1990, et n'a depuis cessé de croître et de s'adapter en réponse aux besoins des CERT et de leurs organismes d'appartenance. Il permet de fédérer l'ensemble des équipes de réaction aux incidents concernant la sécurité des systèmes d'information (http://www.first.org/).

Les buts du FIRST sont les suivants :

- favoriser la coopération entre les équipes pour prévenir, détecter et rétablir un fonctionnement normal en cas d'incident de sécurité informatique ;
- fournir un moyen de communication commun pour la diffusion de bulletins et d'alertes sur des failles potentielles et les incidents en cours ;

---

1. http://www.ciac.org/ciac/index.html.

* aider au développement des activités de ses membres, en particulier, la recherche et les activités opérationnelles ;
* faciliter le partage des informations relatives à la sécurité, des outils, des méthodes et des techniques.

Le FIRST regroupe actuellement cent quatre-vingts membres représentant les cinq continents. La liste des membres est consultable sur le serveur du FIRST, www.first.org.

Le CLUSIF

Le Club de la sécurité des systèmes d'information français (CLUSIF) est un organisme privé accessible à l'adresse Internet suivante : www.clusif.asso.fr.

Le CLUSIF est :

* un club professionnel ouvert à toute entreprise ou collectivité ;
* un lieu d'échange et de réflexion sur les thèmes liés à la sécurité des systèmes d'information.

Sa particularité est d'accueillir aussi bien les utilisateurs que les offreurs, fondant sa culture sur une égale participation des uns et des autres et son dynamisme sur une confrontation permanente de l'offre et de la demande.

L'OSSIR

L'**Observatoire de la sécurité des systèmes d'information et des réseaux** (OSSIR) est une association du type loi 1901 existant depuis 1996. Il regroupe les utilisateurs intéressés par la sécurité des systèmes d'information et des réseaux. L'adresse de son site est www.ossir.org.

Il comprend actuellement trois principaux groupes de travail qui organisent des réunions dont l'accès est gratuit :

* le groupe « Sécurité Unix et réseau » (SUR) ;
* le groupe « Sécurité des systèmes Windows » ;
* le groupe « Réseaux et systèmes d'information sécurisés à Toulouse » (RéSIST).

Synthèse

Après l'acquisition de l'information, il convient de la diffuser de façon contrôlée en respectant des contraintes d'urgence, de ciblage, de confidentialité.

L'optimisation de la diffusion est liée à un bon plan de diffusion, à une utilisation judicieuse des réseaux d'observateurs et d'experts, à un emploi rationalisé et souple d'Intranet grâce aux techniques du knowledge management.

LES OUTILS

- Plan de diffusion (4.5).
- Vecteurs de diffusion générale (4.6).

Chapitre 5

Les techniques d'exploitation de l'intelligence économique

« La phase d'exploitation vise la transformation de l'information en connaissances opérationnelles intervenant dans le processus de décision. » (4)

L'exploitation de l'information est d'une extrême importance dans la maîtrise de l'information stratégique. Sans elle, on ne saurait parler d'intelligence économique ni même de veille stratégique. Se limiter aux opérations de surveillance, situées en amont, c'est se limiter à une diffusion sélective de l'information (DSI), qui a été, dans le passé, la première étape de mise en application de l'informatisation de la documentation scientifique, technique et économique.

Les destinataires étaient informés périodiquement, mais il n'y avait pas de structure d'application rationnelle des informations cherchées, trouvées, diffusées. Celle-ci est apparue, sous l'impulsion des pouvoirs publics et dans les grands groupes industriels, à la fin des années 1980, avec la veille technologique et la veille concurrentielle. Celles-ci avaient pour objectifs la prise de décisions stratégiques suite à la saisie des opportunités de développement et la détection des menaces. Ces objectifs sont maintenus dans l'intelligence économique qui, de plus, prend en compte la protection du patrimoine informationnel et les mesures d'influence (qui ne sont pas traitées dans le présent ouvrage).

5.1 ANALYSE D'UN DOCUMENT : GRILLE D'ANALYSE

L'analyse est relative à un seul document, tout comme la validation, alors que la synthèse concerne un ensemble de documents.

Analyser un document consiste à déterminer ou à estimer l'intérêt de son contenu.

Sur quels critères doit-on se baser pour réaliser cette opération d'analyse ? Il faut bien reconnaître que souvent c'est la compétence propre du lecteur, son habitude de ce type d'opérations qui sont déterminants. Cela signifie que l'analyse est presque toujours qualitative, très rarement quantifiable ou chiffrable.

Dans ces conditions, on pourrait recommander à chaque lecteur, à chaque destinataire : « C'est à vous de voir », et laisser ainsi au spécialiste une entière liberté de jugement. Avec cette approche, la grille d'analyse apparaît superflue. Mais, pédagogiquement, il est bon de sérier les étapes généralement constitutives du processus d'analyse.

Les questions que je me pose à la réception d'un document sont d'abord :

- la source est-elle connue ?
- l'auteur (personne ou organisme) est-il connu ?
- quel est le contenu informatif du titre ?
- quel est le contenu informatif du résumé ?
- qu'apporte le texte complet ?
- y a-t-il idée nouvelle, synthèse intéressante, mise en évidence d'un fait à prendre en compte ?

Cette série de questions que se posera légitimement quelqu'un qui apprend les techniques et outils de l'intelligence économique, justifie que nous proposions de construire une grille d'analyse. Elle lui sera très utile pendant un certain temps, ensuite, s'il s'aperçoit que son expérience la rend superflue, il peut en abandonner l'usage sans mélancolie ni tristesse.

Nous donnons en figure 14 un exemple de grille d'analyse à six critères (correspondant aux six questions formulées plus haut), avec quatre critères de sélection ou d'évaluation.

	ÉVALUATION			
Source	Connue	Inconnue	Suspecte	Mauvaise
Auteur	Réputé	Intéressant	Douloureux	Mauvais
Titre	Informatif	Peu informatif	Trop vague	Dissuasif
Résumé	Clair, précis	Valable	Vague	Dissuasif
Texte complet	Majeur	Intéressant	Limité	Dissuasif
Intérêt du document	Majeur	Important	Peu marqué	Nul

Figure 14. Grille d'analyse

Pour utiliser cette grille, il faut répondre successivement aux six questions et attribuer un des critères proposés. La figure 14 présente le cas d'un document de source inconnue (ou peu connue) dont l'auteur est intéressant. Malgré un titre trop vague, le résumé est précis, le texte est intéressant et le document est finalement classé « important ». Il sera donc pris en compte dans la réunion d'experts le concernant pour élaborer une synthèse relative à un ensemble de documents.

Dans un certain nombre de cas, on éliminera le document dès l'examen du titre ou dès la lecture du résumé, sans aller jusqu'à la lecture du texte complet.

Ce type de grille est susceptible de modifications en fonction des besoins propres de l'entreprise. Elle caractérise l'information éditée et diffusée, en particulier par Internet, mais ne concerne pas les renseignements transmis par les autres observateurs du dispositif d'intelligence économique.

5.2 ANALYSE D'UN ENSEMBLE DE DOCUMENTS

L'analyse d'un ensemble, parfois volumineux, de documents implique généralement diverses opérations de traitement qui peuvent revêtir un caractère automatisé, plus ou moins complètement, ou nettement intellectuel, en particulier pour l'information scientifique et technique.

Il y a lieu de distinguer les traitements de mise en forme et les traitements intellectuels comme l'analyse statistique.

Les traitements de mise en forme

Ces traitements concernent les diverses familles d'utilisateurs, mais ils sont de plus en plus banalisés et assez automatisés grâce à l'emploi des logiciels de traitement de texte, d'image, des tableurs permettant des présentations très soignées. Nous pouvons les considérer comme à l'intersection entre la gestion et l'exploitation de l'information.

Préalablement à son utilisation, pour que l'on puisse réaliser des actions ou prendre des décisions, l'information doit, outre la mise en forme, subir des traitements « intellectuels » utilisant des logiciels informatiques rendant explicites des données implicites noyées dans la masse.

Les traitements d'analyse

Un traitement important pour l'exploitation systématique de l'information industrielle est **l'analyse statistique des brevets**. Ce traitement est toujours réalisé par un spécialiste de l'information documentaire car il nécessite une bonne connaissance des techniques documentaires et de la Classification internationale des brevets (CIB). Hors Internet, Derwent Publications a depuis vingt ans développé des logiciels de la série PatStat très performants. (J'ai longtemps été un utilisateur passionné de ces délicieux outils lorsque j'étais très concerné par l'information relative aux brevets, ce qui n'est plus le cas.)

Sur Internet, on commence à voir apparaître des systèmes permettant l'analyse statistique en ligne à partir de l'interrogation de sites relatifs aux brevets. De nouveaux logiciels apparaissent également permettant une exploitation professionnelle et rapide des brevets de la base de données Espacenet.

Les recherches de corrélation entre les données chiffrées constituent des techniques d'analyse automatisées nécessaires. Elles peuvent être étendues à des corrélations entre faits grâce à des logiciels spécifiques permettant de rendre explicites des relations implicites, cachées. C'est le cas pour certains logiciels de traitement des indices faibles. Il s'agit bien là d'opérations d'analyse impliquant une étude en profondeur des documents pour en tirer l'essentiel et créer de l'information à haute valeur ajoutée. Ces logiciels sont des outils d'aide à la décision ou à l'action stratégique.

5.3 CRÉATION DE LIENS ENTRE INFORMATIONS

L'intelligence économique ne peut être efficace sans des contacts permanents entre les personnes, par l'intermédiaire des divers types de réseaux, pour renseigner les uns et les autres, inciter à la synergie. C'est indispensable pour comprendre les liens entre les informations. Un ensemble disparate d'indices qui, pris isolément, n'ont pas de signification, devient une information explicite et utilisable pour l'action.

Pour être à même de réaliser ces liens entre informations, il faut au préalable bâtir une structure basée sur les relations entre les sociétés et sur les relations entre les personnes.

Les liens entre les sociétés, la connaissance des filiales, leur importance relative, les filiales communes entre les entreprises, sont des données que les spécialistes de la veille concurrentielle ont toujours prises en compte. L'intelligence économique utilise bien entendu ces informations, mais il lui est indispensable d'aller plus loin, de connaître les relations entre les décideurs, entre les spécialistes, entre les experts, soit directement, soit par un certain nombre de recoupements, d'enquêtes complémentaires.

Il convient donc de créer les fichiers sociétés, puis les fichiers fonctions-spécialistes.

Les fichiers relatifs aux sociétés

Utilisation des banques de données

Un certain nombre de banques de données économiques et commerciales internationales sont intéressantes pour obtenir des informations sur la structure des sociétés car la connaissance des principales filiales est indispensable pour réaliser une surveillance au niveau des brevets puis du marché.

Ces informations sont accessibles en ligne grâce aux grands centres serveurs internationaux et bien entendu, par Internet.

Dialog nous permet d'accéder à ces informations dont les principales banques de données sont :

- Company Intelligence ;
- Corporate Affiliations ;
- American Business Directory ;
- Kompass.

Utilisation d'Internet

C'est bien sûr une source particulièrement riche pour recueillir des noms, des adresses. De plus, l'accès aux sites Web propres des entreprises est tout à fait recommandé.

Exemple : Filiales de Toshiba Ceramics

Si nous nous intéressons aux matériaux composites (céramiques-polymères) produits par la branche céramique du groupe japonais

Toshiba, en utilisant le portail www.fuld.com, nous obtenons, sur Corporate Information, la fiche profil de Toshiba Ceramics Corporation. Celle-ci indique que cette société comporte quatorze filiales dans l'ensemble du monde. Une interrogation sur Google, dans l'option « advanced search », formulée « Toshiba ceramics subsidiaries » (expression exacte), nous conduit à un site d'une des filiales, Tocera. Il fournit la liste des quatorze filiales avec le chiffre d'affaires et les spécialités de chacune.

Curieux par nature et par fonction, nous notons au passage cette phrase de Tocera qui coïncide exactement avec notre vision des choses : « *Concerted business by corporate groups is gaining focus in the ever-changing business world of today, where globalization is becoming the keyword and where markets are fast becoming borderless.* »

Ces informations sont accessibles en ligne grâce aux grands centres serveurs internationaux, ou encore bien entendu par Internet qui donne accès à un grand nombre de sites qui fournissent ces informations. Elles sont assez souvent facturées, cela ne doit pas surprendre.

> Il ne faut pas se laisser griser par le « tout gratuit » et être conscient du fait que, si l'information brute est souvent gratuite, l'information professionnelle élaborée sera fréquemment payante.

Le fichier des acteurs de l'intelligence économique « Qui fait quoi ? » (QFQ)

Pour une entreprise qui implante un dispositif d'intelligence économique, le coordinateur du projet doit bâtir un fichier « Qui fait quoi ? », tableau pouvant comprendre de 5 à 8 colonnes :

- noms des acteurs de l'intelligence économique ;
- organisme de rattachement ;
- position hiérarchique ;
- fonction principale précise ;
- groupe d'experts de rattachement ;
- compétence spécifique, comme l'expérience internationale ;
- …

La figure 15 illustre ce point. Elle est extraite de la référence (3) dans laquelle l'étude de cas de la société agroalimentaire Nutrhyper est présentée. (On notera un changement : le groupe d'experts Hydromel a disparu et, signe des temps, apparaît une division « Aliments pour le bien-être et la santé »[1] dont le groupe Alicaments est une des composantes.)

Des informations complémentaires peuvent avoir de l'importance et constituer, sur le tableau Excel, des colonnes supplémentaires : poste précédent, expérience internationale... (Attention il convient de respecter la loi Informatique et libertés.)

Il va sans dire que **le fichier « Qui fait quoi ? » est strictement confidentiel**. Il est constitué puis tenu à jour par une seule personne, le coordinateur de l'intelligence économique lui-même.

Les extensions du fichier « Qui fait quoi ? » de l'entreprise

La matrice étendue

Dans la réalité, la nécessité de compléter le tableau par d'autres colonnes se fait rapidement sentir.

Nous avons constaté qu'il était souvent très utile de prévoir en particulier :

- la formation d'origine : il est important, pour détecter les « connivences » et aussi pour les activer, de connaître les origines universitaires, les grandes écoles d'où sortent les dirigeants et les acteurs de l'intelligence économique ;
- la formation complémentaire ;
- la fonction précédente ;
- l'entreprise précédente ;
- des remarques.

L'intégration de spécialistes extérieurs

Le fichier « Qui fait quoi ? » est en constante évolution et nous avons pu constater la nécessité de l'étendre aux spécialistes d'organismes extérieurs, en particulier des concurrents. Comment y parvenir ?

---

1. Ce thème constitue la technologie clé N° 53 de *Technologies clés 2010*.

© Groupe Eyrolles

Figure 15. « Qui fait quoi ?* » (QFQ) de la société Nutrhyper

Noms et prénoms	Direction ou division	Fonction principale	Groupe d'experts	Expérience internationale
ANDREANI Philippe	Div. Produits frais	Directeur marketing	Gr. Dév. Amériques	USA 5 ans, Japon 2 ans
ANDRIEUX Jean-Paul	Div. Eaux minérales	Contact clientèle	Gr. Eaux gazeuses	
ASTRUC Gisèle	Dir. Marketing	Directeur benchmarking	Gr. Dév. Amériques	USA 3 ans, Argentine 3 ans
ATTIAZ Marc	**Div. Produits frais**	**Directeur de production**	**Gr. Allégés**	
AZZI Christian	Dir. R&D	Directeur R&D	Gr. Prospective générale	Japon 1 an, Chine 6 mois
BAL Michel	Div. Produits frais	Cadre marketing	Gr. Allégés	
BARD Albert	Div. Produits santé	Chef de fabrication	Gr. Alicaments	
BASSET Francis	Div. Pâtisserie indus.	Cadre marketing	Gr. Cookies	USA 1 an
BATTINI Jacques	Div. Pâtisserie indus.	Responsable production	Gr. Cookies	USA 6 mois
BAZIN Louis	**Dir. Générale**	**Président-directeur général**	**Gr. Prospective générale**	**USA 2 ans**
CARTINI Pascal	Dir. Relations extérieures	Responsable publicité	Gr. Prospective générale	Originaire des USA, Brésil 2 ans
CARTWELL John	**Dir. Internationale**	**Directeur zone Amériques**	**Gr. Dév. Amériques**	
CERUTTI André	Div. Produits santé	Chef des ventes	Gr. Alicaments	
CERVIN Jean-Claude	Div. Bières	Mission prospective	Gr. Bières sans alcool	
CHAPPAZ Isabelle	Div. Bières	Cadre marketing	Gr. Bières parfumées	Belgique 3 ans

* Les lignes en caractères gras correspondent à des responsables de groupes d'experts.

Progressivement, la matrice initiale ne comportant que des blancs va se remplir.

On utilisera les sources spécifiques de l'IE pour réaliser cette tâche (encadré du paragraphe 3.4 Informations spécifiques ou peu diffusées hors Internet) et, bien entendu, les renseignements que pourront, petit à petit, nous communiquer les autres observateurs.

L'élaboration des fichiers relationnels et des fichiers « Qui fait quoi ? » et leur mise à jour permanente demandent de l'organisation, du temps, de l'opiniâtreté, mais cela est nécessaire car il s'agit d'un outil particulièrement utile.

5.4 TECHNIQUES DE VALIDATION

Comment valider, en intelligence économique, certaines informations dont la véracité n'est pas garantie ? La question concerne généralement les types d'informations technologiques et technico-économiques situés en aval des brevets, car l'information scientifique et technique publiée est généralement digne de foi.

La validation suppose l'expertise. Elle ne peut être effectuée que par des personnes compétentes dans le domaine, par un jugement de crédibilité d'abord, puis par l'accès à d'autres sources pour confirmer la première. Les fichiers relationnels présentés ci-dessus et le fichier « Qui fait quoi ? » montrent alors toute leur importance.

Mais l'expérience prouve que cette validation ne conduit pas toujours à un jugement catégorique. Très souvent, on associera à l'information une estimation de valeur. Il est possible, par exemple, d'attribuer trois ou quatre niveaux de pertinence symbolisés par un chiffre, 1, 2, 3 ou 4, représentant respectivement « certain », « probable », « douteux » et « indéterminé ».

Des grilles de validation peuvent être utilisées pour faciliter la tâche des experts du domaine. Elles seront élaborées sur mesure en fonction des besoins spécifiques de l'entreprise.

Dans les entreprises de taille importante, la validation (comme l'analyse) est confiée à des groupes de travail constitués d'experts occupant des fonctions diverses : chercheurs, concepteurs, producteurs.

5.5 LE PROCESSUS DE SYNTHÈSE

Comme l'analyse puis la validation, la synthèse est du ressort de groupes d'experts qui, au cours de réunions de travail, par exemple mensuelles, élaborent un document de synthèse.

Le principe du cheminement analyse-validation-synthèse est schématisé en figure 16.

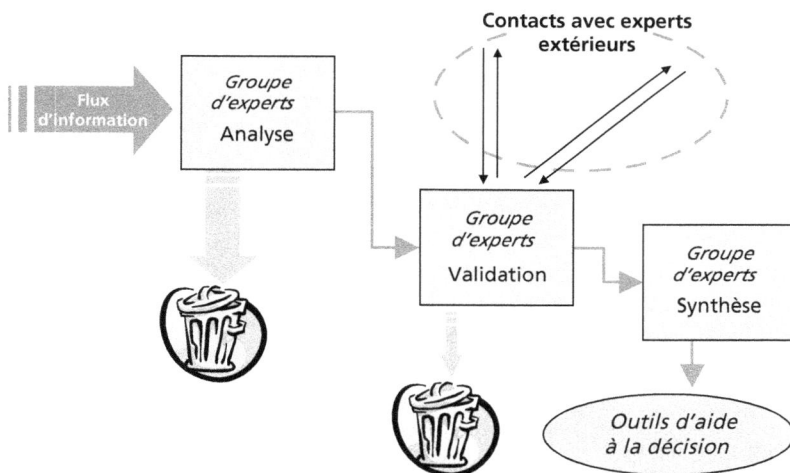

Figure 16. Cheminement analyse-validation-synthèse

Des documents de synthèse périodiques sont destinés aux décideurs. Ils constituent un outil très important d'aide à la décision. Ils intègrent les résultats de l'analyse et de la validation. En général, chaque groupe d'experts publie un document de synthèse par trimestre. Dans des secteurs à évolution très rapide, cette fréquence peut être mensuelle. Dans le cas de groupes de surveillance d'un concurrent qui publie beaucoup de brevets (Renault, L'Oréal…), la fréquence mensuelle s'impose et ne dispense pas de publier des flashes d'information en cas de besoin.

La figure 17 « Plan de synthèse » indique que ce sont les objectifs prioritaires actuels qui, pour chaque sujet, doivent déterminer les points à faire apparaître dans la synthèse. Celle-ci ne doit pas être un résumé exhaustif de tous les documents pertinents, mais une sélection de points stratégiquement essentiels.

Pour simplifier les opérations, il est recommandé de créer un **plan de synthèse** qui est un canevas spécifique du sujet et du groupe d'experts. Périodiquement, avec une fréquence définie et propre au sujet, des textes de mise à jour seront intégrés dans ce plan de synthèse.

La forme de cette synthèse est généralement un document très condensé comme la fiche synthèse-action que nous présentons, à titre d'exemple, dans le paragraphe 5.6. Mais nous avons rencontré des entreprises qui préfèrent publier un mensuel stratégique (de diffusion très restreinte, confidentielle) dans lequel chaque document de synthèse est intégré et dispose d'une page.

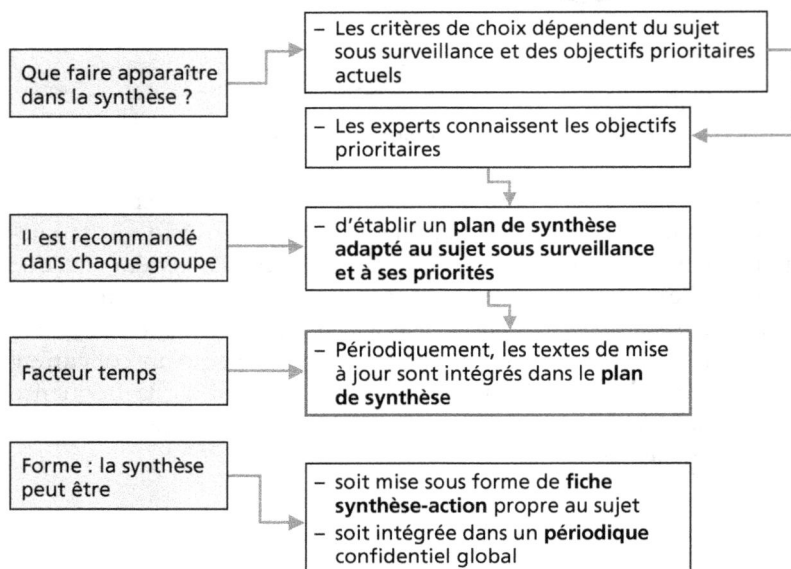

Figure 17. Plan de synthèse

Cas des PME

De nombreuses entreprises de taille limitée ne disposent pas des moyens nécessaires à ces importantes opérations d'analyse et de validation. Dans ce cas, l'appel à des experts extérieurs est nécessaire.

Les chambres de commerce et d'industrie, les agences régionales de l'information scientifique et technologique, les centres techniques industriels, l'agence nationale de valorisation de la recherche peuvent alors être consultés car ce sont des organismes utiles de mise en relation avec des experts pouvant exprimer leur avis sur la valeur d'une information. Des organismes privés spécialisés en intelligence économique peuvent aussi être sollicités, l'*Annuaire 2008 des acteurs de l'intelligence économique* (12) pourra être consulté à cet effet.

5.6 Les outils d'aide à la décision

La synthèse de documents telle que nous l'avons décrite est un outil d'aide à la décision parmi d'autres, et les acteurs de l'intelligence économique doivent le comprendre. Le dispositif d'intelligence économique contribue de façon importante aux prises de décision de la direction générale, **mais n'a pas le monopole de cette élaboration d'outils d'aide à la décision.** La direction de la stratégie et du plan, avec ses indicateurs spécifiques et ses tableaux de bord, est un exemple caractéristique de structure produisant ce type d'outils. De même, la direction du marketing, la direction financière ou la direction juridique disposent de systèmes permettant de déclencher des alarmes, des dispositifs d'activation des décisions au plus haut niveau.

Il n'en demeure pas moins que l'intelligence économique, grâce à la surveillance systématique suivie d'une exploitation rigoureuse des informations, joue un rôle important en amont du processus de décision stratégique.

Parmi les outils d'aide à la décision typiques de l'IE, nous présenterons la fiche synthèse-action.

Exemple : la fiche synthèse-action

La figure 17 nous a montré qu'il sortait du dispositif un document de synthèse essentiel : la fiche synthèse-action, destinée aux décideurs pour la prise de décision stratégique. Nous avons recommandé cet outil d'aide à la décision dans notre précédent ouvrage (3) comme dans nos cours, et nous avons vérifié son utilité en entreprise. (Ce type de document est également recommandé par certains spécialistes de la *competitive intelligence* à l'American Management Association.)

Pour faire gagner du temps au lecteur souhaitant élaborer une de ces fiches, nous proposons un modèle de base, bien entendu modifiable, qui est présenté sur la figure 18. Nous allons en préciser les éléments constitutifs.

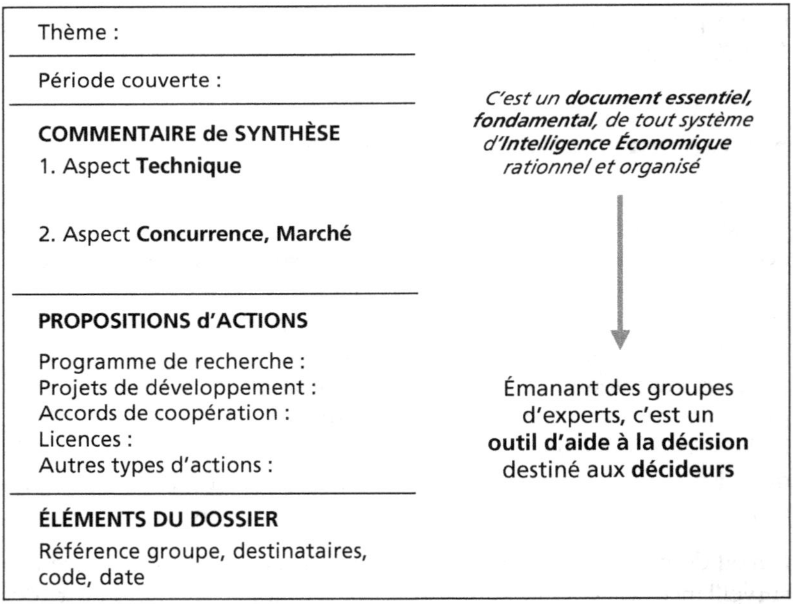

Thème :

Période couverte :

COMMENTAIRE de SYNTHÈSE
1. Aspect **Technique**

*C'est un **document essentiel**, **fondamental**, de tout système d'**Intelligence Économique** rationnel et organisé*

2. Aspect **Concurrence, Marché**

PROPOSITIONS d'ACTIONS

Programme de recherche :
Projets de développement :
Accords de coopération :
Licences :
Autres types d'actions :

Émanant des groupes d'experts, c'est un **outil d'aide à la décision** destiné aux **décideurs**

ÉLÉMENTS DU DOSSIER
Référence groupe, destinataires, code, date

Figure 18. Fiche synthèse-action

Le thème est le sujet pris en surveillance. Ce sera, par exemple, « Organic Light Emitting Diodes, OLED » (diodes électro-luminescentes organiques).

La période couverte peut être variable, en fonction notamment de l'importance en volume des informations à traiter. Le plus souvent on prendra une période de trois mois ou de six mois.

Le commentaire de synthèse réalisé par l'expert du groupe de travail ou du sujet surveillé donne en quelques lignes l'essentiel de ce qui doit être retenu comme important dans l'information collectée au cours des trois ou six mois pris en compte. La place prise par l'action des concurrents est un point capital.

Dans la rubrique « Actions », on indiquera ce qu'il convient de prévoir en programme de recherche, projet de développement, transfert de technologie, accord de coopération avec telle ou telle société ou achat d'unités de production, actions d'influence, etc. (la liste que nous présenterons en figure 19 n'est pas limitative).

En « Éléments du dossier » sont indiqués les textes les plus importants nécessaires pour étayer les diverses propositions d'actions.

Le cartouche de bas de fiche comporte les éléments informatifs relatifs au groupe d'experts et aux destinataires et les données signalétiques de base nécessaires au classement, que ce dernier soit manuel ou informatisé.

Nous rappelons qu'un tel modèle n'a pas de caractère absolu et qu'il peut être modifié. Mais nous recommandons de ne pas trop le charger ; il est intéressant parce qu'il est compact et léger.

Comme indiqué plus haut, certaines entreprises préfèrent publier mensuellement un document de décision stratégique regroupant l'équivalent de plusieurs fiches synthèse-action, chaque sujet présenté occupant une ou deux pages du document.

Exemples de décisions stratégiques

La figure 19 schématise le dispositif d'exploitation par les experts des informations publiées et des renseignements, de création de la fiche synthèse-action et des décisions qui peuvent en découler :

- décisions de R&D (1 et 2) ;
- décisions de transferts de technologies (3, 4 et 5) ;
- décisions d'actions d'influence et contre-influence (6) ;
- décision d'actions de protection du patrimoine et de sécurisation de l'information (7).

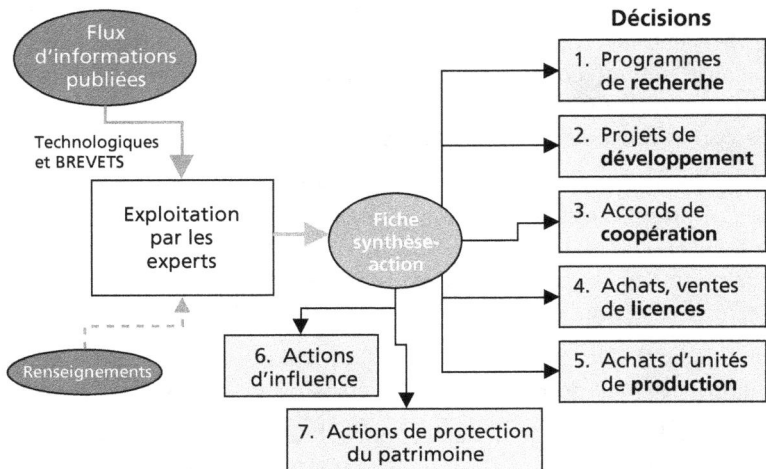

Figure 19. Exemples de décisions stratégiques

5.7 APPORT DU KNOWLEDGE MANAGEMENT (KM)
AUX TECHNIQUES D'EXPLOITATION

Nous avons abordé dans le paragraphe 4.3 l'apport du KM à la diffusion de l'information et à l'optimisation de l'usage de l'Intranet. Le knowledge management, gestion des connaissances, comporte un certain nombre de techniques et d'outils permettant différentes utilisations : la gestion de l'information, avec le datamining et la création de bases de connaissances ; l'exploitation ou encore la diffusion.

Pour l'exploitation, nous pouvons utiliser le **groupware**, déjà mentionné, ensemble de méthodes et de techniques de travail en équipe. Ces méthodes et techniques sont « instrumentées » par des outils logiciels conçus pour améliorer les mécanismes de communication, de coopération et de coordination, spécifiques aux processus de travail.

Les produits groupwares sont parfois désignés en français par l'expression un peu lourde, bien que logique, « produits de travail collaboratif ». Ils représentent généralement un ensemble de six outils génériques :

* messagerie (échanges interpersonnels en mode synchrone ou asynchrone) ;

- bibliothèque (fonction partage de documents) ;
- réunion (discussions de groupe en mode synchrone ou asynchrone) ;
- calendrier (agendas partagés) ;
- gestionnaires de tâches électroniques (coordination des activités partagées) ;
- workflow (synchronisation des actions et des acteurs dans une organisation, déjà cité dans le paragraphe 4.3).

Le knowledge management doit être pris en compte pour l'exploitation de l'information, à deux niveaux :

- au niveau des **informations internes**, pour améliorer leur recherche, leur collecte, leur diffusion, leur échange, leur création, leur utilisation ;
- au niveau du **travail des experts**, pour aider les animateurs de groupes dans leurs opérations de **validation** et pour améliorer les contacts avec leurs différents correspondants, mieux échanger leurs points de vue, leurs opinions sur des thèmes précis.

Il faut savoir que dans la terminologie du KM, le **datamining** est l'ensemble des techniques permettant d'aller puiser des informations pertinentes stockées dans les entreprises. Ces archives techniques ou commerciales (notes techniques, rapports de synthèse, dossiers de propriété industrielle, contrats, études de sûreté…) peuvent être fort volumineuses et couvrir plusieurs dizaines d'années de vie de l'entreprise. Accéder à tel ou tel document précis dont l'intérêt rebondit après plusieurs années n'est pas une action facile. Si on laisse les choses se passer naturellement, sans méthode, sans contrainte, il est probable que le chercheur d'information renoncera devant l'ampleur de la tâche. C'est pour cette raison que l'**information interne est souvent celle qui est la plus ignorée et c'est pourquoi le KM s'avère fort utile.**

Base de connaissances

Chaque entreprise produit et diffuse des documents émanant de son dispositif d'intelligence économique :

- notes de conjoncture ;
- rapports d'étonnement ;

- fiches synthèse-action ;
- bulletins périodiques d'IE ;
- notes d'information flash.

Il s'ajoute à ces documents des informations non publiées sous forme papier, des renseignements, des documents internes, que l'on peut structurer en un **fonds documentaire informatisé structuré**, appelé **base de connaissances**. Cette base, constamment remise à jour, **permet des accès contrôlés**, *via* un réseau interne, généralement l'**Intranet** en protocole IP.

La base de connaissances peut constituer une **structure d'accueil** pour les bases de données de chaque groupe d'experts de l'IE.

Les groupes d'experts de l'intelligence économique sont responsables de la mémorisation de leurs informations, dans le cadre de leurs plans d'information respectifs. La création d'une base de connaissances, du type de celles proposées par le KM, peut fort bien se concevoir. Elle représente alors, pour chaque groupe d'experts, une structure d'accueil pour leurs informations.

Nous pouvons, par exemple, concevoir une base de connaissances globale, organisée par famille de groupes d'experts (groupes produits, groupes applications, groupes procédés, groupes prospective, groupes zones géographiques) avec une structure fédérale. Chacune des bases relatives à chaque groupe d'experts est une entité (plus ou moins autonome) intégrée dans une des cinq bases « familiales » constituant la partie intelligence économique de la base de connaissances.

Une telle base de connaissances constitue incontestablement un très bon outil d'intelligence économique.

Mise en relation d'experts

Les éléments 3 à 5 du groupware seront largement utilisés pour la mise en relation d'experts :

- réunion (discussions de groupe en mode synchrone ou asynchrone) ;
- calendrier (agendas partagés) ;

* gestionnaires de tâches électroniques (coordination des activités partagées).

Le workflow, quant à lui, permettra une bonne synchronisation des actions et des acteurs, afin de coller au mieux aux besoins de l'IE.

L'importance capitale de l'information informelle, du renseignement, dans l'intelligence économique, rend essentielle la création d'une structure conviviale d'échanges permanents d'informations. Là les nouvelles technologies de l'information et de la communication (NTIC) ont incontestablement à jouer un rôle d'apport essentiel et la notion de groupware montre son importance.

Knowledge management et information interne

Le KM est incontestablement très utile pour la gestion et l'exploitation de l'information interne qui, souvent, est moins sérieusement prise en compte que les divers types d'informations extérieures.

Les points essentiels à retenir de cette utilisation du KM sont les suivants :

* la création d'une base de connaissances qui doit, à côté des informations externes, donner toute sa place aux diverses informations internes ;

* la diffusion push-pull (vue dans le paragraphe 4.2) de profils d'information, avec des questions modifiables dans le temps en cas de besoin, diffusion qui doit être étendue aux informations internes (notes techniques, rapports, brevets) ;

* le groupware, cité plus haut, qui doit bien sûr prendre en compte l'information interne, technique, commerciale, financière, organisationnelle ;

* l'utilisation optimale de l'Intranet de l'entreprise, point développé ci-dessous.

Knowledge Management et utilisation optimale de l'Intranet

Le problème de l'utilisation optimale de l'Intranet nous apparaît important pour la diffusion comme pour l'exploitation de l'information.

Les étapes d'un projet Intranet peuvent être :

* enquête des besoins auprès des utilisateurs, audit ;

- amélioration de l'existant en visant l'accès aisé, simple, et en évitant la surinformation ;
- création d'un annuaire des acteurs, des fonctions, des affectations (fichier analogue au « Qui fait quoi ? ») ;
- créations d'agendas partagés, de forums, par familles d'utilisateurs travaillant dans les mêmes domaines.

Cette optimisation de l'Intranet, si elle est manifestement un problème de KM, concerne aussi directement l'intelligence économique et son fonctionnement.

Synthèse

L'exploitation comporte les opérations d'analyse, de validation, de synthèse et d'aide à la décision.

C'est la partie essentielle du management de l'information et des connaissances, le pôle 3 du *Référentiel de formation en intelligence économique* (4).

L'exploitation nécessite une grande compétence dans le domaine d'activité de l'entreprise et une bonne maîtrise des méthodes et outils de traitement de l'information. Il ne faut donc pas s'étonner de voir que c'est le chapitre dans lequel nous proposons le plus grand nombre d'outils spécifiques d'intelligence économique.

LES OUTILS

- Grille d'analyse (5.1).
- Logiciels d'analyse statistique (5.2).
- Fichiers relationnels sociétés (5.3).
- Fichier QFQ (5.3).
- Plan de synthèse (5.5).
- Fiche synthèse-action (5.6).
- Base de connaissances (5.7).

Chapitre 6

L'implantation d'un dispositif d'intelligence économique en entreprise

Après avoir étudié les techniques et outils des phases de surveillance puis d'exploitation de l'intelligence économique, nous allons examiner les modes d'implantation de l'ensemble du dispositif d'IE, qui varient en fonction de la taille de l'entreprise.

6.1 L'AUDIT PRÉALABLE

Pour réaliser au mieux l'implantation de l'intelligence économique, on peut estimer qu'il est nécessaire d'effectuer un audit précis de l'existant dans les cas suivants :

- l'entreprise possède déjà une structure de DSI, diffusion sélective de l'information ;
- l'entreprise, plus avancée, dispose d'un système de veille stratégique associée à la DSI ;
- l'entreprise a commencé à ajouter à sa veille stratégique des éléments d'intelligence économique.

Pour une entreprise qui « part de zéro », l'audit n'a pas lieu d'être puisqu'il n'y a pas d'existant. Il convient donc de passer directement au paragraphe 6.2.

Précisons ce qu'est un audit. En règle générale, l'audit est défini comme étant une mission d'examen et de vérification de la conformité (aux règles de droit, de gestion) :

- d'une opération ;
- d'une activité particulière ;
- de la situation générale d'une entreprise.
- **L'audit préalable à l'implantation de l'IE**, quant à lui, consiste à dégager les caractéristiques actuelles du dispositif existant de DSI, de veille ou d'intelligence économique, et à proposer les modifications nécessaires, notamment les additions.

Nous recommandons d'utiliser les données développées dans l'ouvrage très complet de Bernard Besson et Jean-Claude Possin *L'audit d'intelligence économique* (14).

Nous nous proposons, par cet audit :
- de bien connaître **l'existant** ;
- de préciser **le souhaitable** ;
- de bien déterminer **le possible,** en faisant en sorte que ce possible soit très proche du souhaitable.

Quels sont les acteurs de l'audit d'intelligence économique ?

L'auditeur, personne chargée de l'audit, peut être soit extérieur à l'entreprise, soit membre de l'entreprise. Il est concevable, voir recommandé, de choisir le chef du projet IE (qui deviendra généralement le responsable IE ou le délégué à l'IE ou le directeur de l'IE), membre de l'entreprise, assisté le cas échéant par un spécialiste extérieur de l'IE.

Les personnes qui seront auditées sont les acteurs directs de l'IE :

- le donneur d'ordre, c'est-à-dire le chef d'entreprise ;
- les décideurs : direction générale, directeurs opérationnels ou fonctionnels ;
- les documentalistes veilleurs (observateurs) ;
- les ingénieurs et chefs de service experts ;
- les commerciaux (souvent intégrés dans les réseaux d'experts) ;
- les juristes.

D'autres personnes peuvent également être plus ou moins directement concernées et donc consultées :

- le DRH ;
- le responsable sécurité ;
- les informaticiens.

Le facteur temps

Les nombreux contacts, les études, les réunions, les comptes rendus périodiques, impliquent un grand nombre de personnes pour une tâche qui s'ajoute aux missions professionnelles de chacune. Il en résulte que l'ensemble demande du temps : plusieurs semaines, voire plusieurs mois peuvent s'avérer nécessaires.

Le lieu

Dans le cas le plus général, le lieu d'une entreprise concerne plusieurs sites géographiques : siège et directions centrales, unités de production, centres de recherches, centres techniques.

Même avec un usage judicieux de l'Intranet, de multiples déplacements seront à programmer. L'auditeur sera de préférence affecté au siège social.

Dans le cas beaucoup plus rare d'une entreprise comportant un seul établissement, les choses sont plus simples puisque l'on a un site géographique unique.

Opérations essentielles à programmer

Bien entendu, il n'existe pas une solution unique pour poser puis résoudre le problème. La méthode dépend de la personnalité, de l'expérience de l'auditeur.

Nous proposons une méthode dans laquelle sont examinées successivement les opérations majeures constitutives de l'intelligence économique, afin d'évaluer, pour chacune d'elles, l'état des lieux et les mesures à préconiser.

Il conviendra donc de réaliser l'audit des opérations de base suivantes :

- opérations de **surveillance** :
  - veille technologique et concurrentielle,
  - veille et fonds documentaires,
  - veilles spécifiques,
  - sources d'information,
  - recherche et collecte d'information,
  - usage d'Internet ;
- opérations d'**exploitation** :
  - diffusion de l'information,
  - différents documents diffusés,
  - analyse et validation,
  - synthèse des informations ;

* opérations de **décision** :
  - aide à la décision,
  - documents correspondants,
  - processus de décision..

L'audit pourra être étendu aux opérations plus spécifiques suivantes, ou du moins à certaines d'entre elles :

* organisation en réseaux ;
* éthique et déontologie ;
* accès au renseignement économique ;
* image de l'entreprise ;
* sécurité-sûreté.

Remarque : Ces dispositifs spécifiques, parallèlement aux opérations de base, complètent le dispositif d'intelligence économique – dispositif que nous verrons dans les tâches constitutives du projet IE, au paragraphe 6.3. Ils peuvent aussi être directement traités dans le projet et non dans l'audit.

Le rapport d'audit préalable

Publié à l'issue des opérations d'audit, c'est un document de référence qui servira de base aux actions d'implantation de l'IE soit dans le plan d'action, soit dans le projet IE. Ces options, que nous allons présenter, doivent intégrer les recommandations de l'audit pour l'organisation, les structures, le calendrier de mise en place, en fonction des ressources, du financement que l'entreprise va y consacrer.

Pour simplifier la réalisation de ce rapport d'audit, nous pouvons nous inspirer de ce que préconisent Bernard Besson et Jean-Claude Possin dans leur livre (14), dans le paragraphe relatif aux « Fiches réponses de l'auditeur » (pages 80 et suivantes). Ainsi on constituera trois séries de fiches correspondant aux constituants des opérations de base telles que présentées plus haut : surveillance, exploitation, décision (figure 20).

Chaque fiche, pour chaque thème et chaque audité, contient l'essentiel des réponses aux questions posées par l'auditeur. Leur récapitulation permet la rédaction du rapport d'audit, soit sous forme de texte, soit aussi sous forme tabulée textuelle sur Excel.

Thèmes	Fiches
B1. Opérations de **surveillance**	1. Veille technologique et concurrentielle
	2. Veille et fonds documentaires
	3. Veilles spécifiques
	4. Sources d'information
	5. Recherche et collecte d'information
	6. Usage d'Internet
B2. Opérations d'**exploitation**	1. Diffusion de l'information
	2. Différents documents diffusés
	3. Analyse et validation
	4. Synthèse des informations
B3. Opérations de **décision**	1. Aide à la décision, documents correspondants
	2. Processus de décision

Figure 20. Fiches d'audit

6.2 Implantation de l'IE en petites entreprises

Pour implanter l'intelligence économique en entreprise, nous proposons trois approches distinctes.

Le choix de l'une ou de l'autre dépend de l'importance de l'entreprise :

- pour les toutes petites entreprises, avec un nombre très limité de sujets à mettre sous surveillance (moins de cinq ou six), c'est l'**approche « boîte à outils »** qu'il faut recommander ;
- pour les petites entreprises, si, par exemple, le nombre d'entités à mettre sous surveillance (sujets techniques, concurrents, marchés...) est inférieur à une douzaine, un simple **plan d'implantation** sera suffisant ;
- mais dans les entreprises où l'on dépasse plusieurs dizaines de sujets, il est recommandé d'opter pour l'**approche projet**, systématique et rigoureuse que nous développons plus loin.

L'approche « boîte à outils »

Lorsque le nombre de sujets à placer sous surveillance est peu important, il n'est pas utile de bâtir un dispositif important et une approche par des check-lists simples, que nous appelons les grilles de programme, largement présentées dans notre dernier ouvrage (3) représente une bonne solution.

Approche « boîte à outils » par les grilles de programme
Pour **chaque sujet** mis sous surveillance, on établit une série de grilles :
- grille 5W-1H ;
- grille source d'information hors Internet ;
- grille source d'information Internet ;
- grille d'opération.

Plan d'implantation de l'IE en petite entreprise

Quand il s'agit d'un petit projet constitué de quelques actions à réaliser, il est possible de les gérer par un plan d'implantation.

Exemple de plan d'implantation

Le plan d'implantation contient les éléments suivants :

- élaboration d'une grille 5W-1H globale ;
- création d'une grille récapitulative « Sources Internet » ;
- création d'une grille récapitulative « Sources hors Internet » ;
- élaboration de la liste des sujets techniques à surveiller, avec partition en trois catégories : critiques, importants, à connaître ;
- élaboration de la liste des sujets commerciaux à surveiller, avec partition analogue à celle des sujets techniques, en trois catégories ;
- élaboration d'une liste précise des concurrents, classés en trois catégories : majeurs, importants, autres ;
- création d'une liste des fournisseurs, avec une partition en trois catégories, les mêmes que pour les concurrents. Une liste similaire relative aux clients peut être faite si on l'estime nécessaire ;

- préparation, sujet par sujet, de grilles de programme 5W-1H, complétées si nécessaire d'une fiche complémentaire détaillant le *how*, le comment.

Compléments au plan d'implantation

Cette série d'actions de base, que nous avons présentée en Guadeloupe à plusieurs petites entreprises en 2007 (16) (nous y revenons dans le chapitre 7), pourra être complétée, surtout pour des entreprises moyennes, par un planning des actions contenant les éléments suivants :

- précision des acteurs pour chaque action ;
- estimation des charges de travail correspondant aux actions d'implantation ;
- création d'un calendrier des actions : durées, dates ;
- estimation des ressources financières nécessaires (matériel, logiciel, personnel) ;
- création d'un tableau de pilotage de ce planning : un utilitaire comme Excel peut convenir.

Ce dispositif peut encore être complété, si nécessaire par :

- la mise en place des outils de suivi de l'avancement du projet. Des indicateurs seront à définir et à utiliser ainsi qu'un tableau de bord ;
- le contrôle du respect des objectifs et du calendrier grâce à ces outils de suivi de l'avancement du projet.

Nous conseillons, pour réaliser aisément ce plan d'implantation, de lire les paragraphes suivants relatifs à la gestion de projet et de s'en inspirer en utilisant des extraits de ce qui est présenté. Il est également recommandé de prendre connaissance de la liste type de la quarantaine d'actions constitutives du projet IE présentée dans le paragraphe 6.5.

Nous allons apporter quelques précisions sur la grille globale 5W-1H relative à ce plan d'implantation (figure 21). Dans cette approche, très utile pour bien poser un problème, la formulation 5W-1H permet de préciser clairement ce que nous voulons, pourquoi nous le voulons, qui agit, où, quand et comment.

What (quoi) ? Intitulé du projet	
Why (pourquoi ?) Intérêt du projet Objectifs	
Who (qui) ? Acteurs impliqués	
When (quand) ? Calendrier des actions	
Where (où) ? Couverture, sources	
How (comment) ? Modalités d'action	

Figure 21. Grille 5W-1H du plan d'implantation

5W-1H, c'est la série de questions « What ? Why ? Who ? When ? Where ? » et « How ? » telle qu'on en préconise l'usage à l'American Management Association International. Nous avons déjà développé cette approche dans notre dernier livre (3).

Nous répondons à « What (**quoi**) ? » en rappelant la définition précise du dispositif d'intelligence économique que l'on met en place.

Nous répondons à « Why (**pourquoi**) ? » en rappelant le pourquoi, les enjeux de l'intelligence économique : amélioration de la compétitivité, ce qui implique la surveillance concurrentielle systématique (et aussi des mesures de protection, d'influence et de contre-influence).

Dans la rubrique « Who (**qui**) ? », sont précisés le nom du responsable IE, ceux des principaux acteurs et, éventuellement, la façon dont leur action est coordonnée.

Dans le « When (**quand**) ? », sont indiquées la date de démarrage du processus et la ou les fréquence(s) de mise à jour.

La rubrique « Where (**où**) ? » rappelle que la couverture de la surveillance est mondiale. Elle peut aussi préciser les sites de l'entreprise directement concernés par le dispositif IE.

La réponse au « How (**comment**) ? » sera la nature de la surveillance, les points spécifiques à retenir et, pour plus de détails, la nature des autres grilles de programme à constituer.

6.3 LA GESTION DU PROJET IE

Dans de nombreux cas, il est nécessaire pour bien piloter l'implantation de **réaliser un véritable projet** dont nous devons présenter les caractéristiques avant d'aborder la question de l'utilisation de logiciels adaptés.

> **_Fasten seat belts_ !**
>
> Il est recommandé d'accrocher vos ceintures car ce paragraphe assez technique nécessite une attention soutenue. Elle sera nécessaire car l'on doit faire preuve de rigueur et de professionnalisme dans cette phase capitale qu'est l'implantation de l'intelligence économique. Si les étudiants et cadres de formation scientifique et technique n'ont généralement pas de problème pour « digérer » ce thème, l'expérience montre que les commerciaux ou les juristes peuvent éprouver plus de difficultés.

Qu'est-ce qu'un projet ?

« Un projet est un travail ponctuel avec des objectifs précis, avec une date de début et une date de fin bien définies et, le plus souvent, avec un budget » (15).

Il faut bien comprendre qu'un travail qui se poursuit sans interruption, de façon permanente, n'est pas un projet. L'implantation d'un système d'intelligence économique est un projet qui va durer, par exemple, six mois. Une fois implanté, ce système va fonctionner de façon permanente et ne sera plus un projet.

Qu'est-ce que la gestion de projet ?

La gestion de projet est un travail permanent d'ajustement de la portée du projet par rapport au délai, au coût ainsi qu'au niveau de performance et de qualité.

Le PMI, Project Management Institute, est l'organisme américain regroupant les spécialistes de la gestion de projets. Il faut savoir que l'extension prise par cette activité est impressionnante : création en

1969, 8 500 membres en 1990, 100 000 en 2003, plus de 240 000 en 2007 ! Le PMI propose de diviser la gestion de projet en une suite de cinq types de processus :

* initiation, lancement du projet ;
* planification ;
* exécution ;
* contrôle ;
* clôture du projet.

Qu'est-ce que la planification d'un projet ?

La planification d'un projet est un ensemble de tâches, d'actions qui, pour réaliser le projet, doivent être :

* listées ;
* évaluées ;
* reliées entre elles.

Concepts d'activité, d'actions, de tâches

L'Afnor (17) propose les définitions suivantes :

* « **Activité** : action d'une certaine ampleur pouvant contenir une ou plusieurs tâches. »
* « **Tâche** : action d'une ampleur limitée correspondant souvent à une division de l'activité. »

On notera que, dans la pratique courante, les termes « activité » et « tâche » sont souvent considérés comme des synonymes.

Dans les logiciels de gestion et planification de projet, c'est le terme « tâche » qui est le plus utilisé, mais on emploie aussi le terme « opération ».

Logiciels de gestion et planification de projets

Historique

« **1958** : PERT, Program Evaluation and Review Technique, est créé pour le projet de la fusée Polaris de l'US Army à partir de CPM (Critical Path Method), méthode créée quelques années plus tôt.

Un peu avant 1960, Bernard Roy met au point MPM, Méthode des Potentiels Metra (utilisée pour le paquebot France et des centrales EDF).

Dans les années 1980, les principes de MPM ont été repris, réaménagés et ont conduit à la **méthode PDM** (Precedence Diagram Method), ou **méthode des antécédents**, qui s'est imposée actuellement (sous le vocable PERT, à tort pour les puristes) » (17).

Composants de la planification de projets

La planification de projet peut être structurée en cinq composantes distinctes.
1. Définition des **activités** constituant le projet.
2. Organisation des **activités** dans le **temps**.
3. Évaluation des **dépendances** entre **activités**.
4. Évaluation des **durées** de chaque **activité**.
5. Affectation des **ressources** aux **activités** (personnel, matériel).

Cette division en cinq composantes est proposée par l'Afnor (17). On la retrouve dans le logiciel MS Project, présenté plus loin. Comme mentionné plus haut, le nom « activité » est souvent remplacé par le mot « tâche ».

La mise en place d'un projet constitué d'un nombre important de tâches nécessite le choix d'une méthode rigoureuse, bien définie.

Le logiciel MS Project de Microsoft fait autorité. Ainsi l'Afnor, dans ses cycles de formation « Management de projet 2008 », propose trois sessions de deux jours « Microsoft Project ».

C'est ce logiciel universellement connu et reconnu que nous avons choisi de présenter dans le paragraphe suivant. Il propose un large éventail de présentations découlant des techniques du PERT et du MPM, qui ont conduit à PDM ((Precedence Diagram Method) ou méthode des antécédents qui est le processus actuel.

Le gain de temps procuré par l'emploi de tels logiciels est énorme par rapport à un processus manuel dès que l'on a plus de vingt à trente tâches à gérer.

En effet, celles-ci ne se déroulent pas de façon simplement séquentielle, il est donc difficile de déterminer le calendrier prévisionnel de l'ensemble et d'estimer les ressources à mettre à la disposition du projet, l'évolution du personnel et des moyens financiers nécessaires.

Les logiciels de gestion de projet sont largement utilisés car ils permettent, par exemple :

- la création du réseau liant chronologiquement entre elles les opérations de mise en place (ces opérations sont également appelées tâches ou actions) ;
- la détermination du calendrier de réalisation de chaque action ;
- le calcul du coût de mise en place, pour l'ensemble comme pour chaque action prise individuellement.

Ils offrent en outre la possibilité de présentation, sous formes variées, des éléments du projet : graphe des opérations, diagrammes de Gantt, tableaux divers.

Diagramme de Gantt

Créé en 1885 par Henry L. Gantt, ce mode de représentation et ses variantes sont utilisés dans tous les logiciels de planification de projet. C'est une représentation à échelle de temps (l'abscisse est le temps, le calendrier).

Les logiciels de gestion de projet utilisent le diagramme de Gantt, le plus souvent dans sa version **diagramme de Gantt fléché**, qui indique par des flèches les liens de dépendance chronologique entre les tâches sous une forme aisée à interpréter.

Nous verrons plus loin (figure 23) un exemple de diagramme de Gantt pour le projet IE.

(Notons qu'il est tout à fait possible, dans les cas assez simples, de créer un diagramme de Gantt sur Excel en colorant des ensembles de cellules colinéaires sur des lignes successives. Nous en avons vu récemment un exemple dans une entreprise du nord de la France.)

6.4 GESTION DU PROJET IE PAR UN LOGICIEL PROFESSIONNEL PUISSANT

Le logiciel **Microsoft Office Project**, MS Project, est un outil remarquable qui a le défaut d'être assez coûteux.

La mise en place d'un projet, sur MS Project, comporte trois grandes étapes :

- la planification des tâches ;
- le recensement et l'organisation des ressources nécessaires ;
- le suivi des opérations de mise en place.

Nous recommandons vivement pour l'utilisation rationnelle de MS Project, l'achat du manuel *Microsoft Office Project pour l'entreprise*, sous titré *Gardez vos projets sur les rails !* (15), même s'il n'est pas parfait.

La planification des tâches

Le logiciel nous guide aisément car, après le choix « Tâches » sur la barre de menu horizontale, la partie gauche de l'écran comporte les instructions à suivre, chronologiquement, pour réaliser cette étape de planification des tâches :

- définir le projet ;
- définir les périodes ouvrées du projet pour que le système puisse créer le calendrier de déroulement des tâches ;
- **dresser la liste des tâches du projet** ;
- **organiser les tâches en phases** ;
- **planifier les tâches**, c'est-à-dire sélectionner les tâches à lier pour créer soit une liaison fin-début, soit une liaison début-début, soit une liaison fin-fin. Une option « correction » est disponible pour rompre telle ou telle liaison entre tâches sélectionnées.

Dresser la liste des tâches est une opération essentielle d'analyse fine des constituants du projet. Ensuite, la planification des tâches, qui consiste à les lier entre elles, est très importante et nécessite de la réflexion et du temps. Ces données sont introduites au fur et à mesure dans le tableau après le choix des sous-menus correspondants dans le menu « Tâches ».

> Il ne faut pas hésiter à se jeter à l'eau hardiment car le système digère fort bien les rectifications.

Estimation de la durée de chacune des tâches

Elle est réalisée et introduite dans le tableau au cours de l'étape « Dresser la liste des tâches », et affinée au cours de la phase de structuration « Organiser les tâches en phases ». La barre d'outils « Analyse PERT » de MS Project offre des fonctionnalités permettant de calculer des estimations PERT et d'afficher les calendriers résultants. Dans « Affichage/Barre d'outils », sélectionner « Analyse PERT » et afficher les durées estimées :

- optimiste (d_o) ;
- probable (attendue) (d_a) ;
- pessimiste (d_p).

Les calculs PERT appliquent systématiquement les pondérations 4 pour la durée probable, et 1 pour les durées optimiste et pessimiste. (Mais il est possible de modifier ces pondérations.)

La durée retenue sera donc : $d = 1/6 (d_o + 4d_a + d_p)$.

Concept de chemin critique

« Le chemin critique est la séquence des tâches qui détermine la date de fin la plus optimiste d'un projet » (15), page 175.

Il faut retenir que tout retard pris dans la réalisation d'une tâche du chemin critique provoque un retard sur la date de fin de projet (on dit que la marge est nulle). Dans MS Project, le suivi Gantt affiche en rouge les tâches du chemin critique.

Autres instructions

Après ces instructions essentielles, d'autres sont disponibles pour perfectionner le dispositif :

- lier ou joindre des informations supplémentaires relatives à une tâche ;
- ajouter des colonnes d'informations personnalisées ;
- définir des échéances et soumettre les tâches à des contraintes ;

- identifier les risques pour le projet ;
- ajouter des documents au projet ;
- publier les informations de projet sur le Web.

Le recensement et l'organisation des ressources nécessaires

Pour réaliser le projet, il y a lieu de constituer l'équipe puis d'affecter les tâches aux différents membres de l'équipe. Pour cela, on cliquera sur « Ressources » dans la barre horizontale du menu. Les éléments de choix proposés apparaissent sur la gauche et seront successivement activés :

- **spécifier les personnes associées au projet** (et, le cas échéant, l'équipement) ;
- spécifier les types de réservation des ressources : propositions de ressources de projet qui sont à l'étude, mais ne sont pas encore validées ;
- définir les périodes ouvrées des ressources ;
- **affecter les personnes** (et, le cas échéant, l'équipement) **à des tâches** ;
- lier ou joindre des informations supplémentaires relatives à une ressource ;
- ajouter des colonnes d'informations personnalisées ;
- publier les informations du projet sur le Web.

On constatera que l'affectation des personnes aux tâches est une opération particulièrement longue à réaliser. Le pourcentage d'affectation de chacun à chaque tâche est introduit. Il devra ensuite être plus ou moins modifié lorsque le système indiquera la surutilisation de telle ou telle ressource. Nous y revenons dans l'exemple du projet de mise en place de l'intelligence économique.

Le suivi des opérations de mise en place

L'option « Assurez le suivi » proposée par MS Project permet la gestion du projet au fur et à mesure de son déroulement, en proposant huit éléments :

- enregistrer une planification initiale pour effectuer une comparaison avec les versions ultérieures ;
- préparer le suivi de l'avancement de votre projet ;

- incorporer des informations sur son avancement ;
- vérifier l'avancement du projet ;
- apporter des modifications au projet ;
- assurer le suivi des problèmes et des risques liés à ce projet ;
- demander des rapports d'état textuels ;
- publier des informations de projet sur le Web.

Le fait de cliquer sur l'un ou l'autre de ces éléments (dans l'option « Assurer le suivi ») affiche les outils et les instructions nécessaires à la réalisation de cette étape. Le problème des coûts sera abordé dans l'exemple d'application intelligence économique.

Options complémentaires de MS Project

La zone d'option « Rapport » du logiciel permet la consultation d'autres affichages ou rapports d'informations sur le projet.

Cette zone « Rapport » permet d'afficher l'état du projet et d'élaborer un rapport en cliquant sur l'une ou l'autre des onze options disponibles. Ainsi, il est possible de cliquer sur l'option 7, «**Affichage des tâches critiques du projet**», pour obtenir les tâches relatives au chemin critique du projet.

6.5 LE PROJET INTELLIGENCE ÉCONOMIQUE SUR MS PROJECT

L'implantation de l'intelligence économique en entreprise peut utiliser un logiciel de gestion de projet lorsque le volume d'informations est important. Nous allons montrer comment Microsoft Project va permettre de réaliser cette implantation.

Chronologie des cinq opérations d'entrée de données à effectuer

1. Listage des tâches.
2. Planification des tâches : liaisons entre tâches puis estimation des durées.
3. Listage des ressources et de leur coût.
4. Affectation des ressources à chaque tâche.
5. Contrôle de la surutilisation de chacune des ressources et rectifications.

Les tâches : opérations constitutives de mise en place

Comme nous l'avons vu plus haut, il y a d'abord lieu de dresser la liste des opérations constitutives du projet. Ces opérations sont ensuite classées dans un ordre approximativement chronologique.

Voici **un exemple** de liste des opérations de base qui nous semble applicable dans la majorité des cas pour un dispositif d'intelligence économique :

1. démarrage de mise en place du projet Intelligence économique ;
2. missions et mode d'action du chef de projet ;
3. définition des domaines à surveiller ;
4. définition des observateurs (ID) concernés : information publiée ;
5. mode de choix des autres observateurs : renseignement, information verbale ;
6. mise en place du réseau d'experts ;
7. liste des décideurs concernés ;
8. schéma général de la recherche d'information et de la collecte de documents complets ;
9. séminaire 1 de présentation du projet ;
10. **principes de la diffusion** ;
11. *structure des flux de diffusion* ;
12. *diffusion d'informations flashes* ;
13. *diffusion complémentaire* ;
14. élaboration du schéma général « Plan de renseignement » ;
15. réalisation du fichier « Qui fait quoi ? » (QFQ) ;
16. charte des règles d'éthique et de déontologie ;
17. schéma général de l'exploitation ;
18. **principes généraux de surveillance** ;
19. *moyens de télécommunication de surveillance* ;
20. *moyens Internet de surveillance* ;
21. *autres moyens informatiques de surveillance* ;
22. règles d'utilisation de l'Internet et de l'Intranet ;
23. séminaire 2 de présentation du projet ;
24. procédures de traitement par les observateurs ;
25. **procédures de traitement par les experts** ;

26. *procédures de validation* ;

27. *procédures d'analyse et synthèse* ;

28. règles de confidentialité de la surveillance ;

29. règles d'accès au fichier QFQ ;

30. règles de confidentialité de l'exploitation ;

31. moyens informatiques de traitement ;

32. **principes de mémorisation** ;

33. *moyens informatiques de mémorisation* ;

34. *règles de confidentialité de la mémorisation* ;

35. *acteurs de la mémorisation* ;

36. règles de diffusion de l'information pour l'action ;

37. **principes des actions d'influence** ;

38. *constitution du réseau d'influence* ;

39. **principes des mesures de sécurité de l'information** ;

40. *mise en place du réseau de sécurité de l'information* ;

41. principes généraux de fonctionnement de l'IE ;

42. séminaire 3 de présentation finale du projet ;

43. fin du processus de mise en place.

Nous avons fait apparaître en gras six opérations qui sont caractérisées par le fait qu'une ou plusieurs opérations qui leur succèdent dans la liste en sont dépendantes. Ces opérations dépendantes sont en italique.

Bien entendu, cette liste type de quarante-trois opérations peut admettre d'importantes variantes, car un dispositif d'intelligence économique doit être bâti sur mesure.

Entrée des tâches dans le projet

Comme indiqué dans le paragraphe 6.4, nous devons, sur le menu, cliquer sur « Tâches » et entrer un par un chacun des intitulés des tâches sur les lignes 1 à 43.

Les liens entre les tâches

Il faut maintenant relier les tâches entre elles. Certaines ne peuvent être entreprises tant qu'une autre n'est pas achevée, alors que d'autres peuvent être accomplies simultanément, en parallèle.

Les tâches dont le début est lié à la fin d'une autre tâche sont dites **dépendantes**. Nous devons, en conséquence, rattacher entre elles les tâches pour tenir compte de cette dépendance. Il n'y a pas une simple **séquence** de tâches mais bien un **réseau**.

Une fois la liste récapitulative entrée, l'option « **Planifier les tâches** » est utilisée pour indiquer au système les types de liaison entre tâches à prendre en compte :

* liaison fin-début, de très loin la plus fréquente ;
* liaison début-début ;
* liaison fin-fin.

Le logiciel emplit au fur et à mesure la colonne « Prédécesseurs » du tableau des tâches.

Estimation de la durée des tâches

Toujours dans l'option « Tâches » du menu, il faut entrer les durées estimées, en jours, de chaque tâche. Les valeurs entrées n'ont rien de définitif. Il sera très facile de faire les modifications rendues nécessaires par les ressources en personnel dont on pourra disposer.

Affectation des ressources à chaque tâche

Listage des ressources et de leur coût

Voici, à titre d'exemple, la liste des neuf acteurs affectés au projet d'implantation de l'intelligence économique dans une entreprise déjà assez importante (effectif de l'ordre de 5 000 à 10 000 personnes, chiffre d'affaires de plusieurs milliards d'euros).

1. chef de projet (CP) :   60 €/h (HS : 75) ;
2. adjoint chef de projet (AD) :   50 €/h (HS : 62,5) ;
3. assistante chef de projet (AS) :   20 €/h (HS : 25) ;
4. documentaliste 1 (DO1) :   30 €/h (HS : 37,5) ;
5. documentaliste 2 (DO2) :   24 €/h (HS : 30) ;
6. informaticien 1 (IN1) :   30 €/h (HS : 37,5) ;
7. informaticien 2 (IN2) :   24 €/h (HS : 30) ;
8. juriste (JU) :   48 €/h (HS : 60) ;
9. responsable sécurité (RS) :   50 €/h (HS : 62,5).

Le coût pour l'entreprise d'une heure de travail de chacun est indiqué, suivi du coût d'une heure supplémentaire. Ces chiffres n'ont qu'une valeur indicative, dans la réalité ils peuvent être nettement différents. Certaines de ces personnes sont affectées à temps complet au projet (CP, AD, DO1…), d'autres à temps partiel (JU, RS…).

Affectation des ressources à une tâche

Dans le champ « Ressource » du menu, on clique sur « Affecter les personnes et l'équipement à des tâches » et l'on entre successivement des données pour chacune des tâches. Prenons, par exemple, les tâches 3 et 8.

- Tâche 3 : définition des domaines à surveiller
  - *Durée estimée : 8 jours.*
  - Chef de projet à 25 %.
  - Adjoint CP à 50 %.

- Tâche 8 : schéma général de la recherche et la collecte d'information
  - *Durée estimée : 9 jours.*
  - Chef de projet à 25 %.
  - Adjoint CP à 50 %.
  - Assistante CP à 50 %.
  - Documentaliste 1 à 50 %.
  - Documentaliste 2 à 50 %.

Contrôle de la surutilisation des ressources

C'est l'option « Rapport » du menu qu'il convient d'activer, puis cliquer sur « Afficher l'emploi du temps des ressources ».

Nous pouvons faire apparaître toutes les données relatives à chacune des ressources. Le tableau de la figure 22 correspond à une première planification du projet que nous avons été amenés à revoir en raison de très nombreuses surcharges de travail pour le chef de projet. Il a fallu diluer dans le temps et prolonger la durée totale du projet. Le démarrage au 20 août 2007 donnait, dans la planification initiale, une date de fin au 29 novembre 2007. Après toutes les opérations de rectification nécessaires, on arrive finalement à la date du 18 février 2008.

Figure 22. Utilisation de la ressource « Chef de projet »

N°	Nom de la ressource	Travail	Détails	V	S	D	L	M	M	J	V	S
	NON AFFECTÉ	0 h	Trav.									
	Mise en place	0 h	Trav.									
	Séminaire 3	0 h	Trav.									
	Fin process.	0 h	Trav.									
1	CHEF DE PROJET	771,07 h	Trav.	3,85 h			3,85 h	3,85 h	7,35 h	2,83 h	2,8 h	
	Démarrage	0 h	Trav.									
	Missions et actions	24,50 h	Trav.									
	Définition domaine	15,82 h	Trav.									
	Désignation observateurs	11,28 h	Trav.									
	Choix des autres obs.	44,33 h	Trav.									
	Mise en place rés.	35,78 h	Trav.									
	Liste des décideurs	1,40 h	Trav.									
	Schéma général	16,33 h	Trav.									
	Séminaire 1	7 h	Trav.									

Les colonnes L à S relèvent de la semaine du 08 Oct 07.

En faisant défiler le calendrier, on voit apparaître jour après jour la charge de travail de chaque personne. Elle est indiquée en rouge quand la charge dépasse 7 heures. C'est le cas du mercredi 10 octobre, mais le dépassement est si faible qu'il n'y a pas lieu de réagir. Il est recommandé de raisonner au niveau de la semaine : si on a des charges respectives, pour chacun des cinq jours de la semaine, de 4, 11, 7, 12 et 2 heures, cela convient parfaitement. Un dépassement de 3 à 4 heures par semaine n'a rien d'inquiétant pour un cadre chef de projet.

Nous terminerons cette présentation relativement concise de l'emploi de MS Project par une copie d'écran, en figure 23, du diagramme de Gantt des opérations de début du projet IE présenté aux étudiants du mastère Management de la technologie et de l'innovation de l'EM Lyon, fin 2007.

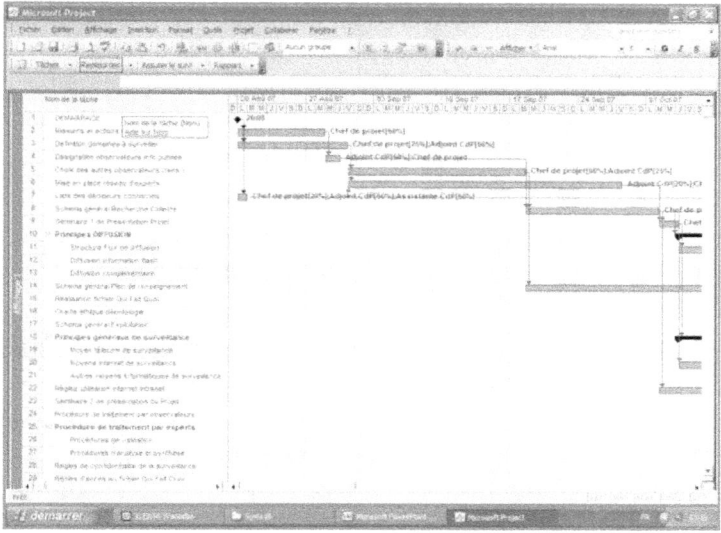

Figure 23. Diagramme de Gantt

Coût du projet

Pour obtenir les informations relatives au coût, il faut faire successivement « Affichage/Plus d'affichage/Tableau des tâches/Appliquer/ Affichage/Table/Coût ».

Dans le tableau Coût, on a les éléments suivants :

- coût total : coût prévu ;
- planification : coût initialement planifié ;
- variation : coût planifié - coût total ;
- réel : coût effectivement constaté ;
- restant : coût réel - coût total.

Pour le projet IE que nous avons géré en simulation, lorsque toutes les tâches sont réalisées, le coût total est d'environ 110 000 euros, ce qui est nettement inférieur à celui prévu dans la planification initiale qui était de plus de 130 000 euros. Dans ce cas, un certain nombre de simplifications sont apparues possibles et ont conduit à des économies sensibles.

Ces sommes ne sont pas considérables si elles sont comparées au coût annuel de fonctionnement d'un dispositif d'IE qui représentera, dans une entreprise importante, plusieurs millions d'euros.

6.6 LE MANAGEMENT DU DISPOSITIF D'INTELLIGENCE ÉCONOMIQUE

Une fois le projet mis en place, l'intelligence économique est en régime permanent. Son fonctionnement, son management nécessitent :

- l'utilisation de techniques et d'outils pour la faire fonctionner. Nous avons vu ces éléments dans les chapitres 2 à 5 ;
- le pilotage de l'ensemble, grâce à une feuille de route, des indicateurs, un tableau de bord, éléments que nous allons détailler dans les chapitres 7 et 8 ;
- des remarques, des conseils complémentaires, des considérations générales et l'examen des évolutions possibles de l'intelligence économique que nous évoquerons dans la conclusion.

La figure 24 schématise le dispositif général.

Les outils relatifs aux techniques sont nombreux et variés. Nous en donnons un récapitulatif figure 25.

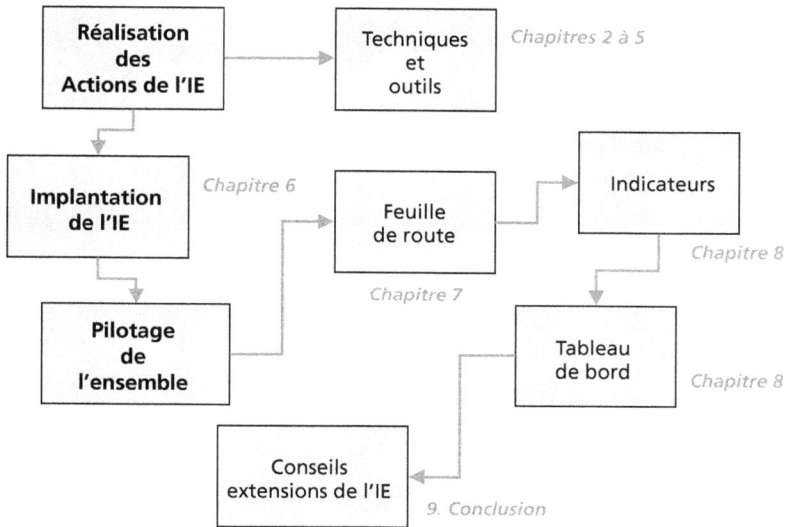

Figure 24. Management de l'intelligence économique

Techniques	Outils
Sélection	Arborescence des facteurs critiques (2.1)
	Matrice des priorités des sujets (2.2)
Acquisition	Outils d'acquisition d'informations sur Internet (3.2)
	Formulaire capteur d'information (3.6)
	Plan de renseignement (3.6)
Diffusion	Plan de diffusion (4.5)
	Vecteurs de diffusion générale (4.6)
Exploitation	Grille d'analyse (5.1)
	Logiciels d'analyse statistique (5.2)
	Fichiers relationnels sociétés (5.3)
	Fichier QFQ (5.3)
	Plan de synthèse (5.5)
	Fiche synthèse-action (5.6)
	Base de connaissances (5.7)

Figure 25. Outils relatifs aux techniques

Après les techniques, étudiées dans les chapitres 2 à 5, nous venons de traiter le problème de l'implantation. Sa suite logique, le pilotage du dispositif général d'intelligence économique, sera traité dans les chapitres 7 et 8, comme l'indique la figure 26. Celle-ci précise la nature des outils que nous pouvons utiliser pour l'implantation d'abord, pour le pilotage ensuite.

	Outils
Implantation	Fiches d'audit (6.1)
	Plan d'implantation (6.2)
	Grilles de programme (6.2)
	Grille globale 5W-1H (6.2)
	Logiciel MS Project (6.5)
Pilotage	Feuille de route (7.2)
	Fiches fournisseurs (7.2)
	Fiches concurrents (7.2)
	Indicateurs de fonctionnement (8.3)
	Indicateurs d'efficacité (8.3)
	Tableau de bord (8.4)

Figure 26. Outils relatifs à l'implantation et au pilotage

Synthèse

Il est essentiel de savoir implanter rationnellement l'intelligence économique et, pour cela, de bien choisir, en fonction de la dimension de l'entreprise, l'une ou l'autre des trois méthodes :

- l'approche « boîte à outils » simple mais parfois suffisante ;
- l'approche « plan d'implantation », un peu plus complexe, qui fournit un schéma directeur d'efficacité éprouvé ;
- l'approche « projet IE » faisant appel à un logiciel puissant, complexe, mais parfaitement maîtrisable. Cette approche est adaptée à un dispositif concernant plusieurs dizaines de groupes d'experts.

LES OUTILS

- Les fiches d'audit (6.1 et figure 20).
- Les grilles de programme (6.2).
- La grille globale 5W-1H (6.2 et figure 21).
- Le logiciel MS Project (6.5 et figure 22).
- Les outils relatifs aux techniques (figure 25).
- Les outils relatifs à l'implantation et au pilotage (figure 26).

LE SCHÉMA RÉCAPITULATIF

- **Le management du dispositif d'intelligence économique (figure 24).**

Chapitre 7

Pilotage de l'intelligence économique : la feuille de route

L'implantation de l'intelligence économique étant réalisée, il convient ensuite d'en effectuer le pilotage pour que le déroulement effectif des séquences constitutives soit conforme aux prévisions et que le dispositif, quelle que soit sa complexité, fonctionne de façon satisfaisante et efficace.

Dans le présent chapitre, nous proposons donc la création et l'utilisation d'une feuille de route (FDR), outil général permettant de superviser les opérations. Dans le prochain chapitre, nous développons les outils de précision permettant un suivi de détail grâce aux indicateurs et au tableau de bord. Cela permet au responsable de prendre connaissance des divers paramètres, des éléments chiffrés comme des estimations qualitatives. C'est donc un moyen d'évaluer ou d'estimer le bon fonctionnement et l'efficacité de l'intelligence économique.

Le concept de feuille de route est devenu d'actualité en politique internationale, lors de la mise en application des principes retenus par les États du Moyen-Orient en conflit et les États-Unis.

Depuis, un certain nombre d'organismes ont retenu la formule et l'ont mise en application, en particulier dans le domaine de l'économie.

En sciences de l'information, ce concept de feuille de route est utilisé depuis quelques années. Travaillant depuis longtemps avec Gérard Balantzian, directeur de l'Institut du management de l'information (IMI), j'ai participé à la rédaction de l'ouvrage collectif *Tableaux de bord. Pour diriger dans un contexte incertain* publié sous sa direction (18). Je renvoie le lecteur à cette référence, à la référence (19) et, pour plus de détails dans la constitution de la feuille de route, à la référence (20).

Remarquons que la notion de feuille de route apparaît déjà de façon implicite dans le chapitre « Implantation ». Nous pourrions vraiment qualifier de feuilles de route d'implantation :

- le plan d'implantation présenté en 6.2 ;
- la grille globale 5W-1H également présentée en 6.2 ;
- voire même le diagramme de Gantt, issu du logiciel MS Project, détaillé en 6.5.

Ces diverses feuilles de route ne sont pas à la même « échelle ». Les deux premières, générales, panoramiques, positionnent le problème et ses caractéristiques majeures, alors que la troisième entre dans le détail des liens entre tâches et indique le calendrier précis.

Réaliser une feuille de route de la phase d'implantation ne se justifie pas car elle serait en redondance avec les trois structures ci-dessus. En revanche, il est intéressant d'utiliser ce système pour piloter la mise en œuvre effective, le déroulement dans le temps des actions constituant l'intelligence économique.

7.1 Définition et utilité de la feuille de route

La feuille de route, dans l'acception commune, est la description schématique d'un itinéraire avec indication des données correspondantes de distances, de temps, de coût. Pour nous, ce sera la description schématisée de l'intelligence économique en fonctionnement, description donnant :

- des directives pour le suivi des opérations ;
- des recommandations de méthodes ;
- des recommandations d'outils adaptés pour le suivi comme pour le contrôle.

Si la feuille de route peut présenter certaines analogies avec l'une ou l'autre des versions du projet Intelligence économique telles que nous venons de les présenter, elle s'en distingue fondamentalement en ce sens qu'elle se rapporte non plus au projet mais au fonctionnement permanent et durable de l'IE telle qu'elle est définie et structurée dans ce projet.

Pour utiliser une analogie cinématographique, la feuille de route, dans le déroulement de l'intelligence économique dans l'entreprise, correspond au scénario d'un film.

Pourquoi une feuille de route ?

Encore un document créé pour le plaisir de faire de la paperasse, de compliquer ce qui est simple ? Pas du tout, c'est au contraire un moyen de simplifier le pilotage d'un dispositif qui n'est tout de même pas si simple que ça.

Elle permet tout d'abord de guider le responsable de l'intelligence économique (généralement le chef de projet IE qui devient le responsable de sa mise en application) dans le pilotage du dispositif, à un niveau assez « panoramique », c'est-à-dire moins détaillé que le tableau de bord que nous présenterons dans le chapitre 8.

Ensuite, elle aide un certain nombre d'acteurs importants de l'intelligence économique à avoir une vision générale du dispositif. C'est le cas des animateurs de groupes d'experts par exemple.

Élaboration de la feuille de route

Nous avons présenté, dans le paragraphe 6.2, « Implantation de l'IE en petites entreprises », la grille de programme 5W-1H qui permet l'approche globale, schématique, d'un problème. Nous allons, de nouveau, l'utiliser pour bien préciser les caractéristiques principales de la feuille de route (FDR) que nous souhaitons élaborer.

Quoi ? Qu'est-ce que la feuille de route ?

C'est un document compact présentant le listage d'une série d'opérations à réaliser et des liens entre ces opérations constitutives du processus de déroulement de l'intelligence économique.

Pourquoi ? À quoi sert-elle ?

Pour le pilotage de l'intelligence économique, afin de réaliser son suivi en permanence, il est nécessaire de disposer d'un document rappelant les opérations de surveillance, de contrôle du bon déroulement de l'IE dans l'entreprise.

Qui est concerné ?

Le responsable de l'IE chargé du pilotage du dispositif est le principal intéressé. D'autres acteurs majeurs de l'IE sont également concernés, notamment le ou les coordinateurs de groupes d'experts et quelques animateurs, ceux des groupes d'experts considérés comme étant les plus importants.

Quand ?

Il est nécessaire d'avoir un contrôle permanent du respect des fréquences et des délais. Ce respect du temps initialement programmé s'impose à tous. Le responsable IE doit y veiller et ne pas hésiter à effectuer des rappels en cas de besoin.

Où ?

La feuille de route précisera les sites concernés et pourra aussi indiquer les adresses e-mail des acteurs les plus importants du dispositif d'IE.

Comment ?

La feuille de route, construite sur mesure en fonction des besoins et des caractéristiques de chaque entreprise, contiendra les modalités de maîtrise des 5W ci-dessus. Elle soulignera aussi la nécessité de créer des outils plus perfectionnés :

- les indicateurs de fonctionnement ;
- les indicateurs d'efficacité ;
- le tableau de bord, qui est un récapitulatif de la batterie d'indicateurs utilisés.

Ces outils seront étudiés dans le chapitre 8.

7.2 STRUCTURES POSSIBLES DE LA FEUILLE DE ROUTE

La structure de la feuille de route peut être très variable puisque chaque entreprise doit la créer en fonction de l'organisation de son système d'intelligence économique.

Structure logique d'organisation

On peut, fort logiquement, proposer de calquer la feuille de route sur le déroulement chronologique des opérations constituant l'intelligence économique :

- recherche d'information ;
- acquisition d'information ;
- diffusion d'information brute ;
- analyse ;
- validation ;
- synthèse ;
- décision ;
- contrôle.

Si le responsable IE est concerné par l'ensemble de ce panorama, donc par la feuille de route dans son ensemble, d'autres acteurs n'auront qu'une feuille de route partielle concernant uniquement leur champ d'activité dans l'IE.

Pour chacune des familles d'acteurs, on rappellera :

* les techniques et outils relatifs à chaque groupe d'actions ;
* et deux autres outils de pilotage : les indicateurs et le tableau de bord, constitué de ces indicateurs.

Premier exemple de feuille de route globale

La figure 27 schématise la structure d'une feuille de route globale destinée au responsable de l'intelligence économique.

Dans la version représentée sur cette figure, nous notons que la feuille de route à été scindée en cinq rubriques relatives aux différentes techniques (cinq lignes) et une rubrique complémentaire (dernière ligne) relative aux flashes d'information.

Pour chacune de ces six rubriques, seront indiqués dans la feuille de route, dans deux colonnes distinctes, les actions constitutives et les acteurs qui en sont chargés ou qui sont concernés (c'est le cas, en quatrième ligne, pour le fichier QFQ, « Qui fait quoi ? »). Une troisième colonne indique les indicateurs qui sont estimés nécessaires et qu'il conviendra de créer et d'utiliser.

La figure ne représente que le canevas, le schéma, d'une feuille de route globale. Dans le cas d'une très petite entreprise, il est concevable de la présenter sous forme d'une feuille ou fiche de format A4. Mais dès que le nombre d'actions et d'acteurs est important, il faudra utiliser soit une FDR en plusieurs feuillets, soit un tableur, Excel par exemple, comme nous le montrons dans le paragraphe 7.3.

La feuille de route est l'étape qui précède le tableau de bord, présenté au chapitre 8.

Second exemple de feuille de route : cas d'une TPE ou d'une PE

Lorsque le nombre de sujets à placer sous surveillance est assez limité, notamment dans le cas d'une très petite entreprise (TPE) ou d'une

Figure 27. Exemple de feuille de route globale

Techniques	Actions	Acteurs	Indicateurs
Recherche d'information	Liste des sources	Observateurs	
	Liste des profils	Observateurs	Oui
	Renseignements	Autres observateurs	
Acquisition	Sites Internet concernés	Observateurs	
	Autres fournis. de doc.	Observateurs	
	Renseignements	Autres observateurs	
Diffusion	Listes de diffusion	Observateurs	Oui
	Contrôle des envois	Observateurs	Oui
	Contrôle des réceptions	Experts	Oui
	Renseignements	Autres observateurs	Oui
Analyse-validation	Fichier QFQ	Tous les acteurs	
	Mise en relation experts	Experts	
Synthèse	Bilan des FSA diffusées	Experts	Oui
Flashes d'information	Décision d'envoi	Expert ou responsable IE	
	Contrôle du débit	Responsable IE	Oui

petite entreprise (PE), il n'est pas utile de bâtir un dispositif important comme celui que nous venons de présenter.

Lors d'une série de missions d'intelligence économique en Guadeloupe pour le MINEFI et la CCI de Pointe-à-Pitre, en 2007 (16), nous avons proposé, à plusieurs TPE de Pointe-à-Pitre et Jarry, une feuille de route adaptée à ce type d'entreprise (figure 28).

1	Établir la **fiche 5W-1H** (figure 21, paragraphe 6.2) et suivre ses instructions.
2	Établir les grilles sources d'information Internet et hors Internet : nécessité impérieuse de suivi, de mise à jour.
3	Faire la liste des **sujets techniques** à mettre sous surveillance et veiller à réactualiser cette liste.
4	Faire la liste des **fournisseurs** et réaliser les **fiches fournisseurs**.
5	Faire la liste des **concurrents** et réaliser les **fiches concurrents**.
6	Faire la liste des **sujets commerciaux et concurrentiels** à mettre sous surveillance et veiller à réactualiser cette liste.

Figure 28. Exemple de feuille de route pour PE ou TPE

1. Grille de programme 5W-1H

Sa réalisation ne devrait pas poser de problème si l'on suit les préceptes présentés dans le paragraphe 6.2.

2. Grilles de programme des sources d'information à utiliser

Sources d'information Internet

En fonction des sujets à suivre, nous utiliserons sur Internet les différentes techniques présentées dans le paragraphe 3.2.

Nous insistons encore sur tout l'intérêt du portail américain Fuld, spécialisé en competitive intelligence (www.fuld.com).

La grille de programme Internet précisera les sources à utiliser pour chaque sujet à surveiller. Ainsi, le site Ubifrance (mentionné sur la figure 9 du paragraphe 3.2) sera à utiliser pour tout sujet présentant un caractère commercial, au sens large. Le site Eurostaf, mentionné sur la même figure, présente aussi de l'intérêt pour ce type de sujet. Les sites Web des concurrents seront à visiter fréquemment, cela va sans dire, et la feuille de route peut indiquer la fréquence à retenir.

Sources d'information hors Internet

La variété des sources d'information est extrême. En allant de l'information scientifique à l'information économique et financière, nous faisons une distinction entre les sources générales et les sources spécifiques d'information (revoir si nécessaire le chapitre 3) :

- **sources générales d'information** : rappelons que nous classons sous cette appellation les sources largement connues, diffusées et utilisées par les entreprises de toute taille. Elles sont indispensables pour organiser une surveillance systématique, un suivi périodique et régulier de secteurs d'activités variés ;
- **sources spécifiques d'information** : sous cette appellation nous désignons des sources moins généralement utilisées. Elles permettent soit de répondre à des questions ponctuelles, soit d'approfondir certains sujets détectés dans les sources générales d'information.

Dans la grille de programme des sources hors Internet, nous devons donc préciser :

- les sources générales ;
- les sources spécifiques à utiliser.

3. Liste des sujets techniques à mettre sous surveillance

Dans une TPE, ils sont peu nombreux. Ils seront rappelés dans la feuille de route qui intégrera toute modification pouvant intervenir : apparition d'un nouveau sujet, ou élimination d'un autre ne présentant plus d'intérêt.

C'est par des profils de surveillance relatifs à chacun de ces sujets que l'on se mettra à l'abri de mauvaises surprises, que l'on sera à même de détecter l'apparition de produits de substitution.

L'intelligence économique doit développer l'aptitude à anticiper. Pour cela, une vigilance permanente est indispensable.

4. Liste des fournisseurs et réalisation de fiches fournisseurs

C'est un point important du dispositif d'IE. Les fournisseurs sont des partenaires essentiels pour le fonctionnement de la TPE. Il convient de bien connaître chacun d'eux et de détecter l'arrivée sur le marché d'un nouveau fournisseur pouvant présenter des avantages.

Ce type d'information commerciale est important, nous recommandons la lecture de l'ouvrage de Michel Besson et Yolaine Laloum (13) que nous avons déjà cité pour les problèmes d'éthique et de déontologie, dans le paragraphe 3.5 relatif à l'acquisition de renseignements.

Pour chacun des fournisseurs, il convient de rédiger une **fiche fournisseur** donnant ses caractéristiques afin que l'on puisse aisément les consulter en cas de besoin.

Il faut remarquer que, le plus souvent, le responsable commercial de la TPE a déjà constitué un fichier fournisseurs avant même la création du dispositif d'intelligence économique. Les fiches peuvent être aisément constituées à partir des éléments de ce fichier. (Lorsque nous parlons de fiches, cela ne signifie pas nécessairement des cartons bristol en A4 ou A5, mais par exemple les pages d'un fichier informatisé. Quelle que soit la forme choisie, ces fiches sont des outils très utiles d'intelligence économique.)

5. Liste des concurrents et réalisation de fiches concurrents

Ce qui est fait pour les fournisseurs doit également l'être pour les concurrents, car il est clair que la surveillance systématique et organisée des principaux concurrents est une des missions majeures de l'intelligence économique. Dans toutes les entreprises, quelle que soit leur taille, que l'on soit en Amérique, en Europe ou en Asie, la surveillance stricte des concurrents directs est devenue une nécessité, une activité reconnue.

D'un principe analogue aux fiches fournisseurs, les fiches concurrents pourront elles aussi se présenter sous des formes distinctes, chaque entreprise choisissant celle qui lui conviendra le mieux. L'emploi d'utilitaires comme Excel est très généralisé : il permet la mise à jour aisée, ainsi que l'extraction et la diffusion de telle ou telle partie de la fiche pouvant intéresser un des décideurs ou des acteurs de l'IE.

6. Liste des sujets commerciaux et concurrentiels à mettre sous surveillance

Elle indiquera bien sûr les sujets directement concernés par les produits ou services que vend l'entreprise, mais aussi certains sujets annexes qui peuvent dans un proche avenir entrer dans son domaine de production. Une entreprise spécialisée dans les céramiques spéciales à base de nitrures ne peut ignorer, même si elle n'en fabrique pas encore, le marché et les acteurs des composites à base de nitrures et de polymères. Une autre produisant des écrans flexibles pour les applications d'informatique nomade devra s'intéresser au développement de certains textiles techniques sophistiqués. Dans l'esprit IE, l'entreprise aura souvent intérêt à s'inspirer de ce que font ses concurrents directs dans le voisinage de ses activités. Pourquoi telle société, qui se cantonnait dans le domaine des colorants alimentaires, se lance-t-elle, comme Nutrhyper, dans certains additifs pour le bien-être et la santé ? C'est une question à creuser.

7.3 Version simplifiée ou tableur informatisé

Dans les projets IE d'une certaine ampleur, il peut être utile de créer la feuille de route sur un tableur, sur Excel par exemple, pour des raisons de commodité d'utilisation.

La feuille de route globale représentée sur la figure 27 est scindée en cinq rubriques relatives aux différentes techniques et une rubrique complémentaire relative aux flashes d'information. Cette version est une matrice toute simple 3×6, de trois colonnes et six lignes, qui peut être modifiée, complétée, sans pour cela devenir un véritable tableau de bord comme celui que nous présenterons dans le chapitre 8.

Exemple d'une matrice 9×9

La feuille de route comporte neuf lignes qui sont relatives à chacune des techniques suivantes :

- recherche ;
- acquisition ;
- diffusion de l'information brute ;
- analyse ;

- validation ;
- synthèse ;
- diffusion des synthèses ;
- renseignements ;
- flashes d'information.

Les neuf colonnes concernent :

- intitulé des techniques ;
- actions ;
- observateurs ;
- autres observateurs ;
- experts ;
- autres destinataires ;
- décideurs ;
- indicateurs
- systèmes d'alerte.

On peut éditer sur Excel la matrice correspondante. Elle est enregistrée comme modèle et, avec une périodicité qui peut varier fortement d'un indicateur à l'autre, le responsable IE appelle cette matrice vierge, y inscrit la date du jour et, dans les cellules correspondantes, note les actions à réaliser et les informations relatives aux diverses techniques et intitulés de colonnes.

Bien entendu, à l'intérieur de chaque cellule, le texte peut être beaucoup plus complet que celui qui apparaît sur la figure 29 et représenter plusieurs lignes. Les informations sont enregistrées dans le fichier, et le responsable IE pourra, après mémorisation, les consulter tout à loisir.

> Pour comprendre tout le sens de la colonne « Indicateurs » de cette matrice, il est au préalable nécessaire de bien avoir assimilé les caractéristiques et le rôle des indicateurs.

C'est pourquoi nous développons ces éléments dans le prochain chapitre qui présente également le tableau de bord, suite logique de la feuille de route.

Figure 29. Feuille de route sur Excel

Techniques	Actions	Observateurs	Autres Obs.	Experts	Autres destin.	Décideurs	Indicateurs	Systèmes d'alerte
Recherche	Choix source							
	Création profils						N_1	
	MAJ sources							Oui
	MAJ profils						N_P, N_E, T_N, T_E	
Acquisition	Sites Internet							
	Fourniss. hors Internet							
Diffusion brute	Listes de diffusion						N_1	
	Modification fréquence							
	Modification destinataire						N_1	
Analyse	Sélection doc. pertinents							

Techniques	Actions	Observateurs	Autres Obs.	Experts	Autres destin.	Décideurs	Indicateurs	Systèmes d'alerte
Validation	Fichier QFQ							
	Mise en relation experts							
Synthèse	Sélection faits majeurs							
	Rédaction FSA							
Diffusion synthèses	Bilan des FSA diffusées						N_4, R_1	Oui
Renseignements	Acquisition							
	Envol formul. captation						N_2, R_2	Oui
Flashes d'information	Décision d'envol						N_4, R_1	Oui
	Contrôle du débit							

Synthèse

Après avoir réalisé l'implantation de l'intelligence économique, il est nécessaire de piloter les opérations qu'elle recouvre de façon à s'assurer que le système fonctionne correctement, qu'il apporte quelque chose de positif à l'entreprise, c'est-à-dire qu'il soit efficace.

Pour réaliser ce pilotage, il est recommandé de créer une feuille de route. Elle peut prendre différentes formes en fonction des besoins et de l'importance du dispositif.

La feuille de route constitue le plus souvent une étape vers le tableau de bord qui, grâce à une batterie d'indicateurs, permet un pilotage précis et permanent.

LES OUTILS

- Feuille de route (7.2).
- Fiches fournisseurs (7.2).
- Fiches concurrents (7.2).

Chapitre 8

Pilotage de l'intelligence économique : indicateurs et tableau de bord

8.1 ÉVALUATION QUALITATIVE DE L'IE

Il est possible d'évaluer qualitativement l'efficacité d'un dispositif d'intelligence économique.

Sur Internet, des exemples de « success stories » témoignent de l'intérêt de l'intelligence économique, mais il faut, de plus, présenter des arguments pour inciter les chefs d'entreprise à se lancer dans l'aventure et montrer que l'existence, dans une entreprise, d'un système d'intelligence économique organisé et systématique, a incontestablement des conséquences positives pour cette entreprise.

Renforcement de l'esprit de corps

Nous avons pu constater que l'intelligence économique provoque un net renforcement de l'esprit de corps. Il touche d'abord tous les membres du personnel impliqués d'une façon ou d'une autre dans cette activité, même s'ils n'y consacrent que quelques pour cent de leur temps. L'ambiance de compétition qu'engendre petit à petit l'intelligence économique, la meilleure connaissance du monde extérieur, des concurrents, expliquent cette évolution tonique. Mais attention : il faut veiller à ce que l'esprit de compétition ne soit pas porté trop loin. Si chacun s'estime en compétition pure et dure avec ses collègues, rien ne va plus, l'ambiance devient infernale et le « chacun pour soi » se développe. C'est tout à fait contraire à l'esprit de l'intelligence économique, qui doit être un sport d'équipe à la japonaise.

Le renforcement de l'esprit de corps peut se traduire par des actions dépassant l'intelligence économique proprement dite, ce qui prouve un changement positif des mentalités, des comportements, une amélioration de la communication dans l'ensemble de l'entreprise :

- création de feuilles d'informations décentralisées au niveau des divisions, directions, services de l'entreprise ;
- utilisation d'Intranet pour communiquer les informations sur l'environnement économique et concurrentiel ;
- création de journaux téléphonés ;
- parallèlement aux informations diffusées par Intranet, création de panneaux d'affichage pour présenter les informations internes ;
- …

L'ensemble du personnel est ainsi graduellement gagné par une prise de conscience beaucoup plus marquée des intérêts de l'entreprise et, étant mieux informé, il se sent plus concerné et donc plus motivé.

Captage et transmission de renseignements

Connaissant l'existence d'un système d'intelligence économique dans l'entreprise, les personnes ayant des renseignements à communiquer savent à qui s'adresser : au responsable de l'IE qui saura parfaitement à quel expert, à quel décideur faire parvenir l'information.

Fonctionnement des groupes de travail techniques ou économiques

Nous avons déjà insisté sur le rôle essentiel des différents groupes d'experts chargés de l'exploitation de l'information. Ils occupent une position essentielle dans le dispositif. Il faut qu'ils fonctionnent bien. Rien ne sert d'avoir une bonne surveillance des secteurs techniques et des concurrents s'il n'y a pas exploitation des informations recueillies et diffusées.

Dans les entreprises, certains de ces groupes préexistaient avant la mise en place de l'IE, celle-ci leur donne alors une impulsion évidente. La synergie entre groupes est dopée par l'organisation, par exemple à un rythme semestriel ou annuel, de séminaires des animateurs de ces groupes, où chacun devra présenter ce qu'il a réalisé.

Valorisation du travail des documentalistes

Les documentalistes traditionnels ressentent parfois leur fonction comme méconnue et subalterne. Effectuant souvent des tâches qu'ils peuvent estimer obscures et peu valorisantes, ils risquent de se laisser gagner par une certaine lassitude. Leur intégration dans un dispositif d'intelligence économique avec des fonctions strictes, bien définies, d'observateurs professionnels affectés à un, deux ou trois groupes d'experts est particulièrement tonique pour eux. Je l'ai constaté à maintes reprises et je ne suis pas le seul. Ainsi Bruno Martinet et Yves-Michel Marti l'avaient noté dès les premières années de la mise en œuvre en France de l'IE (22), ils précisaient même que « les "documentalistes convertis", ceux qui sont partisans d'une conception très "intelligence économique" de la documentation, se retrouvent plutôt dans les entreprises où la pression de la vie économique réelle les incite à évoluer ». Ils se sentent alors mobilisés comme les cadres opérationnels, ce qui est excellent pour eux comme pour l'entreprise qui les emploie.

> Il est nécessaire que l'évaluation qualitative du côté bénéfique de l'intelligence économique soit complétée par des mesures quantitatives que nous allons présenter.

8.2 CARACTÉRISTIQUES DES INDICATEURS

Avant d'utiliser des indicateurs pour évaluer quantitativement certaines actions de l'intelligence économique, il est indispensable de connaître les caractéristiques générales des indicateurs.

Très utilisés en économie et en économétrie[1], les indicateurs peuvent être définis de différentes façons.

Pour le Robert, « l'indicateur est une variable ayant pour objet de mesurer ou apprécier un état, une évolution économique. »

Pour l'Afnor, « l'indicateur est une information choisie, associée à un critère et destinée à en observer les évolutions à intervalle défini » (18). Cette définition est plus précise puisqu'elle évoque le côté périodique des mesures.

Format d'un indicateur

L'indicateur est un nombre entier, décimal ou fractionnaire pouvant caractériser l'un ou l'autre des cinq formats suivants :

- **comptage** : nombre suivi d'une unité (nombre de personnes, de profils, de kilo euros) ;
- **taux** : rapport, fraction, pourcentage d'un ensemble (20 % des profils de surveillance sont scientifiques et 40 % commerciaux) ;
- **ratio** : rapport entre quantités de nature différente (nombre d'euros dépensés par profil) ;

---

1. Application de méthodes mathématiques et statistiques à l'étude et à la représentation de phénomènes économiques (Robert).

- **notation** : classement d'une entité dans une grille, une échelle allant du plus faible au plus élevé (copie estimée à 12/20, pointure 41) ;
- **indice** : traduction de la valeur d'une grandeur sans dimension pouvant fluctuer dans le temps (indice CAC40, indice du coût de la construction, indice du coût de la vie par rapport à une valeur de référence, 100, relative à une date antérieure précise).

Diverses formes de présentation

Les indicateurs existent sous différentes formes, de façon à faciliter leur présentation et leur utilisation. Ces diverses formes sont toutes disponibles sur un utilitaire comme Excel qui permet de transformer une forme tabulée de données dans les options suivantes :

- histogramme ;
- nuage de points ;
- courbe ;
- camembert ;
- radar.

Familles d'indicateurs économiques

Les spécialistes de l'économie font la distinction entre trois familles d'indicateurs :

- indicateurs structurels ;
- indicateurs conjoncturels ;
- indicateurs d'alerte.

Indicateurs structurels

Ils sont très utilisés dans les grands organismes, par exemple au niveau de l'Union européenne ou de l'OCDE, car ils permettent de comparer un pays par rapport à la moyenne de l'UE, ou par rapport à un autre pays. Une liste de quatorze indicateurs structurels a ainsi été établie par la Commission européenne pour la gestion de la politique régionale.

On y trouve, par exemple : le Produit intérieur brut (PIB) par habitant, qui est un ratio (euros/habitant) ; le taux d'emploi (personnes actives de 15 à 64 ans en pourcentage de la population totale du même âge) ; les dépenses en R&D (taux des dépenses en R&D rapportées au PIB).

Indicateurs conjoncturels

Ils permettent de chiffrer et bien saisir l'évolution dans le temps d'un certain nombre de données qui sont des indices ou des taux. Ainsi, en France, chaque mois, l'Insee publie l'indice de la production industrielle, l'indice des prix dans la grande distribution, le taux de chômage au sens du Bureau international du travail (BIT)…

Indicateurs d'alerte

L'avertisseur est un indice relatif à l'évolution d'une grandeur économique utilisée pour l'orientation de la politique économique.

Le clignotant est un indice dont l'apparition signale un danger dans un plan ou programme économique.

L'alarme est un indice dont la valeur a atteint un seuil ou un plafond signalant une situation de crise dont il faut sortir au plus vite.

La figure 30 présente les caractéristiques générales des indicateurs : le format, la forme, les familles et les trois types d'alerte qu'ils peuvent déclencher.

Cette connaissance de base des indicateurs nous sera utile pour les créer puis les appliquer en intelligence économique.

8.3 Utilisation des indicateurs en IE

Vouloir évaluer quantitativement l'intelligence économique est généralement considéré comme une gageure. Bruno Martinet et Yves-Michel Marti écrivent dans la référence (22) déjà citée plus haut : « l'information ne peut être calculée comme un investissement », et ils n'ont pas tort.

Mais il faut pourtant se poser deux premières questions :

- notre système d'intelligence économique fonctionne-t-il ?
- peut-on mesurer, chiffrer, ce fonctionnement ?

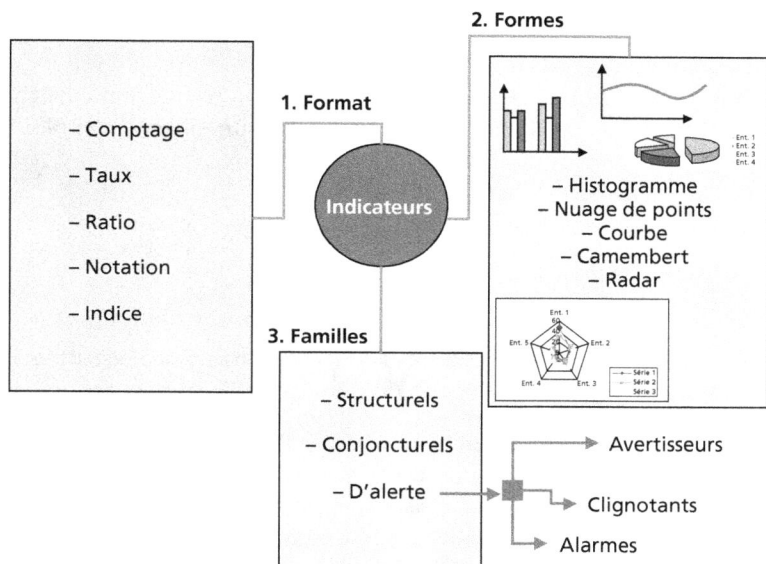

Figure 30. Caractéristiques des indicateurs

Et même s'il est possible de répondre à ces deux questions, il convient d'aller plus loin. En effet, si l'on constate que le système fonctionne bien, il faut se demander quelle est son efficacité. Un dispositif d'IE fonctionnant parfaitement, telle une mécanique bien huilée, mais n'apportant rien de tangible à l'entreprise serait comme un moteur tournant à vide engendrant une satisfaction purement intellectuelle. « Nous avons créé un dispositif bien organisé, bien structuré, fonctionnant fort bien. » Certes, mais s'il est inutile, il ne faut pas le maintenir en activité.

Il est impératif que le dispositif d'IE soit utile et il est impératif de le prouver.

Il faut pour cela chiffrer les paramètres mesurables et estimer qualitativement ce qu'apportent les éléments ou paramètres non mesurables.

Nous étudierons donc successivement :

- l'utilisation d'indicateurs pour juger du **fonctionnement** ;
- l'utilisation d'indicateurs pour estimer l'**efficacité** du dispositif d'IE.

Indicateurs de fonctionnement

Une première « batterie » d'indicateurs sera créée et utilisée pour vérifier le fonctionnement effectif des opérations de **surveillance**, une seconde pour vérifier que, succédant à la surveillance, l'**exploitation** est correctement réalisée.

Pilotage de la surveillance

Le pilotage par indicateurs permet, à ce niveau :

- le contrôle du fonctionnement effectif de l'observation ;
- si le nombre de références est excessif, de procéder à l'éclatement de tel ou tel groupe d'experts en deux ou trois sous-groupes.

Le nombre de profils d'intelligence économique (N_1) est un premier indicateur de vitalité de la phase « recherche d'information publiée ». (Nous rappelons que les « profils » sont des équations logiques définissant un sujet mis sous surveillance grâce à une association de mots clés, d'opérateurs logiques, d'opérateurs de proximité.)

Ce chiffre N_1 est bien entendu insuffisant pour juger de l'efficacité réelle de la surveillance par les observateurs. Il faut un contrôle régulier pour chacun des sujets suivis pour savoir si la diffusion des profils est effective et respecte la fréquence définie (semaine ou quinzaine en général).

Il y a aussi lieu de connaître la vitalité de l'observation avec la prise en considération :

- du nombre de nouveaux profils apparaissant annuellement, indicateur N_P ;
- du nombre de profils éliminés annuellement, indicateur N_E.

Ces trois premiers indicateurs N_1, N_P et N_E sont des nombres. Il est recommandé d'y associer de nouveaux indicateurs de la famille des taux :

- le taux de nouveauté T_N exprimé par la relation $T_N = N_P/N_1$;
- le taux d'élimination T_E exprimé par $T_E = N_E/N_1$;
- si on l'estime souhaitable, on peut définir un taux de renouvellement T_R dont le calcul est $T_R = N_P/(N_1 + N_P - N_E)$.

Exemple chiffré : Si l'on a 100 profils au départ et que, dans l'année, on en ajoute 12 nouveaux tout en en supprimant 8, on a $T_R = 12/104$, soit 0,115, qui est le quotient des nouveaux profils par le nouveau nombre total qui est 104.

Le nombre de « capteurs d'information informelle » (N_2) diffusés aux animateurs des groupes d'experts par les autres observateurs (nous avons vu ces capteurs dans le paragraphe 3.6 et la figure 10), est aussi un second indicateur qui prendra toute sa signification dans la phase d'exploitation.

Pilotage de l'exploitation

Si la phase d'observation, réalisée par des spécialistes de l'information, dont c'est le métier, se passe généralement très bien, ce n'est pas toujours le cas pour l'analyse par les experts. Pour eux, c'est un travail supplémentaire qui leur est demandé et le fonctionnement correct n'est pas garanti.

Le nombre de groupes d'experts du dispositif est bien sûr un indicateur significatif. C'est un nombre : N_3.

Pour aider ces experts, il est indispensable de proposer une forme normalisée et simple des comptes rendus de synthèse à diffuser aux décideurs : c'est la fiche synthèse-action, que nous avons présentée en figure 18 dans le paragraphe 5.6. C'est un véritable outil d'aide à la décision dont la fréquence de parution recommandée est le trimestre.

Le nombre annuel de fiches synthèse-action (N_4) diffusées par l'ensemble des groupes est un **indicateur très significatif** du fonctionnement effectif de la veille technologique.

Le ratio R_1 est un indicateur égal au quotient de N_4 par N_3 : il représente le nombre moyen de FSA diffusées annuellement par groupe d'experts. Si la fréquence recommandée de parution des FSA est le trimestre, R_1 sera idéalement égal à 4. En fait, cet idéal n'est jamais atteint, mais s'il est de l'ordre de 3,5, le fonctionnement peut être considéré comme satisfaisant. Quand R_1 est inférieur à 3, quelque chose ne va pas, il y a lieu de faire des rappels à l'ordre et surtout, notamment dans les séminaires, d'accroître la motivation des animateurs. Un dispositif d'alerte doit se déclencher dans le tableau de bord si R_1 devient inférieur à 3.

Un autre indicateur à prendre en compte est le ratio R_2, quotient N_2 /N_3 représentant le nombre moyen de **capteurs d'information informelle** reçus par chaque animateur de groupe d'experts. Il représente l'intensité plus ou moins grande de remontée des renseignements par les autres observateurs. S'il est supérieur à 4 ou 5, cela indique qu'il existe un flux intéressant de captage et transmission de l'information informelle, non publiée, de terrain. Mais il convient d'affiner. Chaque animateur de groupe d'experts devra veiller à son propre ratio et réactiver son nuage d'autres observateurs si le débit devient quasi nul.

Autres indicateurs de fonctionnement

Le nombre N_5 de flashes d'information transmis annuellement aux décideurs est aussi à prendre en compte. Le facteur temps ayant une grande importance, il y a lieu de transmettre très rapidement à l'état-major une information hors du commun.

Ce dispositif doit être prévu mais ne doit pas conduire à des abus car il aboutit à la banalisation de l'exceptionnel. Il vaut mieux six flashes annuels que dix flashes par mois. Les décideurs sont déjà surinformés, il faut donc toujours bien réfléchir avant de leur transmettre une information qu'ils n'ont pas demandée.

Revenons à la figure 29 « Feuille de route sur Excel », qui est une feuille de route du type matrice 9 × 9 (vue dans le paragraphe 7.3). La colonne 8 montre les indicateurs dont nous venons de donner la signification, et la colonne 9 mentionne les dispositifs d'alerte devant être prévus pour quatre actions. Il pourra s'agir d'avertisseurs, de clignotants ou d'alarmes, comme vu au paragraphe 8.2.

C'est dans le tableau de bord, nous le verrons plus loin, que l'on trouvera les valeurs chiffrées des indicateurs relatifs à chacune des actions de l'intelligence économique.

La figure 31 ci-dessous récapitule la batterie d'indicateurs de fonctionnement recommandés, mais vous pouvez très certainement en créer d'autres en fonction de vos besoins et des caractéristiques propres de votre dispositif.

Nombre de profils de surveillance IE	N_1	Nombre	
Nombre annuel de nouveaux profils	N_P	Nombre	
Nombre annuel de profils éliminés	N_E	Nombre	
Taux de nouveauté	T_N	Taux	$T_N = N_P/N_1$
Taux d'élimination	T_E	Taux	$T_E = N_E/N_1$
Taux de renouvellement	T_R	Taux	$T_R = N_P/(N_1 + N_P - N_E)$
Nombre annuel de capteurs d'info. diffusés aux experts	N_2	Nombre	
Nombre de groupes d'experts	N_3	Nombre	$N_3 < N_1$
Nombre annuel FSA diffusées	N_4	Nombre	
Nombre annuel FSA diffusées par groupe d'experts	R_1	Ratio	$R_1 = N_4/N_3$ $(R_1 < 4)$
Nombre annuel moyen de capteurs d'info. reçus par groupe d'experts	R_2	Ratio	$R_2 = N_2/N_3$

Figure 31. Les indicateurs de fonctionnement

Indicateurs d'efficacité de l'IE

Nous venons de présenter des mesures et des indicateurs destinés à s'assurer que l'intelligence économique fonctionne.

Mais, que le système fonctionne bien ou moins bien, il faut se demander quelle est son efficacité. Il est impératif qu'il soit utile et il est tout à fait recommandé de savoir le prouver, donc de chiffrer ses paramètres mesurables et, de plus, d'estimer qualitativement ce qu'apportent les éléments non mesurables.

Les indicateurs d'utilisation des fiches synthèse-action

Les fiches synthèse-action permettent aux décideurs la prise de décision concernant :

- des programmes de recherche ;
- des projets de développement ;
- des accords de coopération ;

- des achats et ventes de licences ;
- des achats (ou ventes) d'unités de production ;
- la détection des intentions de la concurrence ;
- les mesures éventuelles d'influence à prévoir.

L'utilisation d'une série d'indicateurs concernant ces différentes actions doit être faite par le responsable de l'intelligence économique. Elle peut s'avérer difficile à réaliser en raison de la nécessaire discrétion de la direction générale sur ses décisions à caractère stratégique.

Les quatre premières actions de cette liste concernent la R&D et le transfert de technologie. La cinquième peut également être rattachée au transfert de technologie. Nous avons, dans notre livre sur l'innovation (23), cité un certain nombre d'exemples d'indicateurs utilisables pour ces activités, nous les rappelons :

- ratio (dépenses R&D/CA) = R_1 ;
- ratio (effectif R&D/effectif total) = R_2 ;
- nombre annuel de brevets nationaux publiés N_1 ;
- nombre annuel de brevets internationaux publiés N_2. Ce sont les brevets déposés dans les trois zones majeures : USA, Asie[1] (Extrême-Orient), Europe ;
- ratio N_1/N_2 = R_3 (R_3 sera toujours supérieur ou égal à 1) ;
- ratio (nombre annuel de brevets nationaux publiés/effectif R&D) = R_4 ;
- taux annuel de variation de N_1 = T_1 ;
- taux annuel de variation de (N_1/N_2) = T_2 ;
- nombre annuel de licences vendues = N_3 ;
- nombre annuel de licences achetées = N_4 ;
- nombre annuel de licences échangées = N_5.

Bien entendu, cette série d'indicateurs n'est pas exhaustive et les spécialistes R&D et du transfert de technologie l'enrichiront sans trop de difficultés. Mais, ce qui peut s'avérer difficile, c'est l'obtention des valeurs correspondantes.

---

1. Il est impératif de ne pas se limiter au seul Japon. La Corée, Singapour, Taïwan, la Chine et l'Inde sont à prendre en compte.

Certains de ces indicateurs, notamment les deux premiers, ne sont pas à proprement parler des critères d'efficacité de l'IE, mais ils sont utiles pour des études de benchmarking, de comparaison avec des entreprises concurrentes. Pour les autres, la comparaison de leur évolution dans le temps, sur une base annuelle, permet de juger de l'efficacité de l'IE.

Les indicateurs relatifs aux brevets sont particulièrement significatifs. Il est très important d'apprendre qu'une grande multinationale, qui déposait en France moins de 300 brevets en 2003, en a déposé entre 550 et 600 en 2006. Pour la réflexion d'anticipation, cette donnée signifie qu'il faut s'attendre, dès 2008/2009, à l'apparition d'un nombre important de nouveaux produits, de nouvelles applications, dans les domaines d'action de cette multinationale. La mise en évidence de ce fait par la fiche synthèse-action est rattachable à la sixième des sept actions mentionnées plus haut : la détection des intentions de la concurrence.

(Nous n'aborderons pas les mesures éventuelles d'influence à prévoir car elles concernent le pôle 5 du référentiel et débordent donc le cadre du présent livre qui, rappelons-le, se limite au pôle 3, « Management de l'information et des connaissances ».)

8.4 Tableau de bord général de l'IE

> « Le tableau de bord a pour objet de regrouper et de synthétiser les indicateurs pour les présenter de façon exploitable par l'ensemble des personnes concernées. »

Cette citation due à l'Afnor (21) précise l'intérêt du tableau de bord. Ce document (21) précise ensuite qu'un responsable ne peut se contenter d'un seul indicateur car il a besoin de recouper un certain nombre d'indicateurs pour avoir une vision globale. Ceci est tout à fait vrai pour le responsable de l'intelligence économique.

Il peut estimer que l'une ou l'autre des feuilles de route que nous lui avons proposées suffisent et que, pour lui, il n'y a pas besoin de tableau de bord. Cette option est tout à fait légitime dans le cas d'une entreprise de petite taille.

Pour les autres types d'entreprise, il sera préférable d'avoir un document de synthèse, le tableau de bord.

Que faut-il mettre dans le tableau de bord ?

Nous proposons de placer dans le tableau de bord :

- les rubriques de la feuille de route relatives à l'estimation du **fonctionnement de l'IE** que nous avons présentées sur la figure 29, et l'évolution des indicateurs correspondants ;
- les indicateurs **d'efficacité de l'IE** mentionnés dans le paragraphe précédent et leur évolution dans le temps.

Le tableau de bord sera donc scindé en deux parties distinctes : fonctionnement et efficacité.

Tableau de bord de fonctionnement

Il y a beaucoup de façons de présenter ce tableau de bord. Il doit offrir une visualisation simplifiée du fonctionnement des différentes phases de l'IE et des données fournies par les indicateurs. C'est un outil de suivi et d'évaluation.

Les différents indicateurs de fonctionnement des figures 31 et 32 ne varient pas avec la même fréquence. On doit généralement prendre en compte quatre fréquences distinctes :

- bimensuelle ;
- mensuelle ;
- trimestrielle ;
- annuelle.

L'envoi de formulaires capteurs est de fréquence aléatoire, de même que la diffusion d'un flash d'information vers la DG en cas de scoop. Mais on peut convenir de réactualiser les valeurs des indicateurs correspondants, par exemple sur une base mensuelle.

Le tableau de bord sera constitué de deux parties : la première sera un tableau Excel regroupant les indicateurs de fréquence bimensuelle, mensuelle et trimestrielle ; la seconde sera également un tableau Excel regroupant les indicateurs liés aux paramètres de fréquence annuelle sous forme d'une récapitulation pluriannuelle, par exemple sur quatre ans.

© Groupe Eyrolles

Tableau de bord I : indicateurs bimensuels, mensuels et trimestriels

Nous créons un tableau Excel comportant sept lignes relatives chacune à un indicateur, défini par son intitulé et son symbole :

- nombre de groupes d'experts, N_0 ;
- nombre de profils, N_1 ;
- nouveaux profils, N_P ;
- profils éliminés, N_E ;
- valeur cumulée du nombre de fiches synthèse-action (FSA) diffusées aux experts, N_4 ;
- valeur cumulée du nombre de capteurs d'information (ou capteurs de renseignement, CR) diffusés aux experts par les autres observateurs, N_2 ;
- valeur cumulée du nombre de flashes d'information diffusés à la direction générale, N_5.

Après avoir introduit les lignes, il faut préparer les colonnes de façon à ce que chaque cellule du tableau reçoive, au fur et à mesure du temps, les valeurs chiffrées de chacun des indicateurs.

L'échelle de temps choisie est la quinzaine, assimilée à une fréquence bimensuelle, car elle est apparue au responsable de l'IE comme étant la plus commode. Dans la figure 32, « Fonctionnement du tableau de bord 1 : évolution des indicateurs sur un semestre », les colonnes sont donc logiquement désignées par Q_1, Q_2... Q_N. Sur cette figure, les 13 quinzaines, soit 26 semaines, représentent un semestre de fonctionnement.

Il est très facile, sur le tableau Excel, de sélectionner un sous-ensemble de la matrice, par exemple les lignes 5 et 6 correspondant aux diffusions respectives des FSA et des CR. Ayant sélectionné ces éléments, on peut en demander au système une représentation graphique adaptée.

Le choix est considérable car, dans sa grande largesse, Excel, pour chacune des dix options proposées[1], offre maintenant le choix de plusieurs présentations ! Ici, le responsable, en cliquant sur l'assistant

---

1. Dix options sur Excel 2003 : histogramme, barres, courbes, secteurs, nuages de points, aires, anneau, radar, surface, bulles.

Figure 32. Fonctionnement du tableau de bord 1 :
évolution des indicateurs sur un semestre

	QU.1	QU.2	QU.3	QU.4	QU.5	QU.6	QU.7	QU.8	QU.9	QU.10	QU.11	QU.12	QU.13
Nombre de groupes d'experts N_0	45												
Nombre de profils N_1	150		151		152		153			156		155	158
Nouveaux profils N_P			2		3		1			4		1	3
Profils éliminés N_E			1		2		0			1		2	0
Cumul FSA diffusées N_4	2	4	9	11	17	20	23	49	51	55	61	72	78
Cumul formul. capt. renseign. N_2	4	11	20	27	44	53	60	68	73	77	82	89	97
Cumul Flashes d'info. N_5	0	1	1	2	2	3	3	3	4	4	5	5	6

graphique du menu, a d'abord choisi l'option « Courbe ». À ce niveau, sept présentations distinctes lui étaient offertes, il a choisi celle lui semblant la plus adaptée, illustrée figure 33.

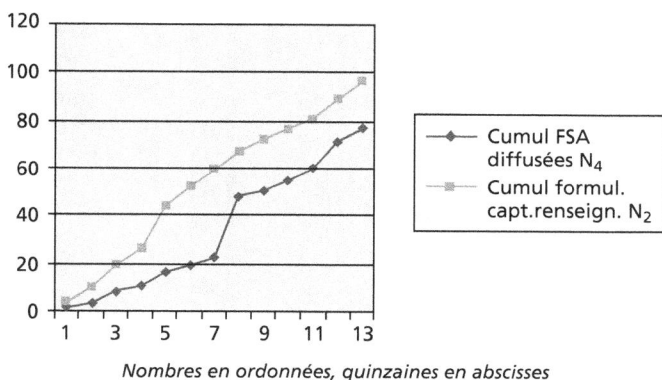

Nombres en ordonnées, quinzaines en abscisses

Figure 33. Fonctionnement du tableau de bord 2 : évolution
des nombres de FSA et de capteurs d'information (courbe)

Ensuite, le choix de l'option « Histogramme », qui propose également sept présentations distinctes (plus un certain nombre de présentations personnalisées pour les utilisateurs exigeants), a conduit à la figure 34. Elle peut être préférée à la première version, c'est affaire de goût ou de commodités. L'utilisation de ces diverses formes de graphiques est devenue très généralisée. Elles plaisent aux décideurs qui apprécient que les tableaux de bord proposent ces présentations claires et parlantes.

Tableau de bord 2 : indicateurs annuels

La récapitulation, en fin d'exercice annuel, des indicateurs de fonctionnement conduit à un autre tableau qui peut reprendre soit l'ensemble des onze indicateurs de fonctionnement de la figure 31, soit uniquement les indicateurs concernant un nombre annuel.

Nous opterons pour la prise en compte de l'ensemble des onze indicateurs (auquel nous ajouterons N_0, nombre de groupes d'experts).

La récapitulation annuelle ne prend son sens que si elle contient un rappel des années antérieures, comme sur la figure 35. Pour l'année

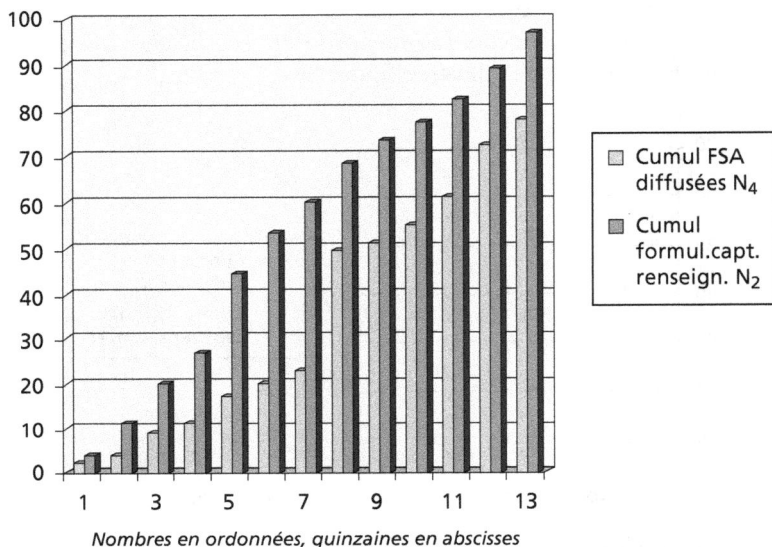

Figure 34. Fonctionnement du tableau de bord 1 : évolution des nombres
de FSA et de capteurs d'information (histogramme)

en cours, il est parfois utile d'intégrer dans le tableau les valeurs chiffrées des indicateurs en fin de premier semestre. Nous ne l'avons pas fait sur la figure 29 où nous avons opté pour une séparation entre les indicateurs nombres et les indicateurs ratios, afin de faciliter le traitement ultérieur.

Années	2004	2005	2006	2007
Nb. de groupes d'experts (31/12) N_0	39	40	42	45
Nb. de profils de surveillance (31/12) N_1	140	144	150	162
Nb. annuel de FSA diffusées N_4	121	130	125	156
Nb. annuel de capt. info. diffusées N_2	163	172	190	208
Ratio FSA par groupe R_1	3,1	3,25	*2,98*	3,47
Ratio capt. info. par groupe R_2	4,18	4,23	4,33	4,62

Figure 35. Fonctionnement du tableau de bord 2 : récapitulatif pluriannuel

On notera la croissance régulière mais modérée des nombres d'informations transmises et du nombre de groupes d'experts.

Alerte !

Les ratios font apparaître une case encadrée, celle du nombre de FSA émises par groupe d'experts en 2006, ce chiffre étant inférieur à 3 (alors qu'avec une FSA émise par trimestre, on devrait tendre vers 4). Un dispositif d'alerte doit se déclencher pour rectifier le tir. C'est effectivement ce qui a été fait en 2007 puisque ce ratio est passé à 3,47. En complément de cette constatation relative à l'ensemble du dispositif, le responsable IE doit détecter les groupes trop éloignés de l'objectif et leur demander de faire un effort dans le bon sens.

Les deux tableaux de la figure 35 vont être très facilement visualisés sous forme d'histogrammes à l'aide d'Excel.

L'histogramme de la figure 36, « Évolution pluriannuelle des indicateurs de nombres », est une des sept formes standard proposées par Excel 2003. Pour les années 2004, 2005, 2006 et 2007, sont pris en compte les nombres :

- de groupes d'experts ;
- de profils de surveillance ;
- de fiches synthèse-action émises et diffusées à la direction générale ;
- de capteurs d'information (renseignements) transmis aux experts par les autres observateurs.

Il convient de remarquer que chaque groupe d'experts est abonné, en moyenne, à 3 ou 4 profils. En effet, le sujet d'étude d'un groupe est toujours décomposé en plusieurs équations logiques, chacune étant relative à des aspects distincts de ce sujet.

L'histogramme de la figure 37, « Évolution pluriannuelle des indicateurs de ratios », concerne le ratio R_1 (nombre total de FSA/nombre de groupes d'experts) et le ratio R_2 (nombre total de capteurs d'information/nombre de groupes d'experts). Ici, on a choisi une présentation personnalisée de l'histogramme avec édition, sur la même figure, de la visualisation par histogramme et du tableau des valeurs chiffrées précises. Ceci est fort utile lorsque le tableau concerne des ratios, qui ne sont donc pas des nombres entiers.

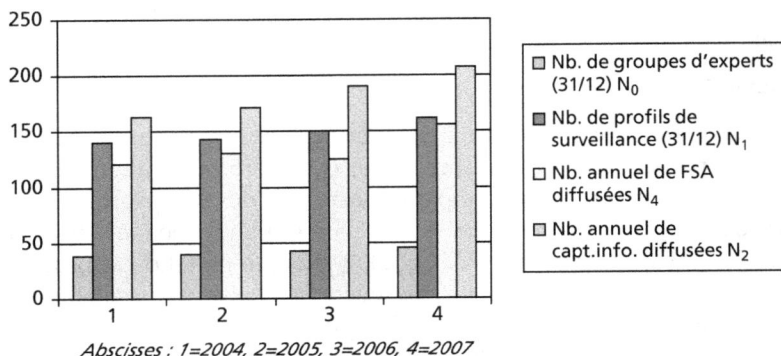

Abscisses : 1=2004, 2=2005, 3=2006, 4=2007

Figure 36. Fonctionnement du tableau de bord 2 : évolution pluriannuelle des indicateurs de nombres (histogramme)

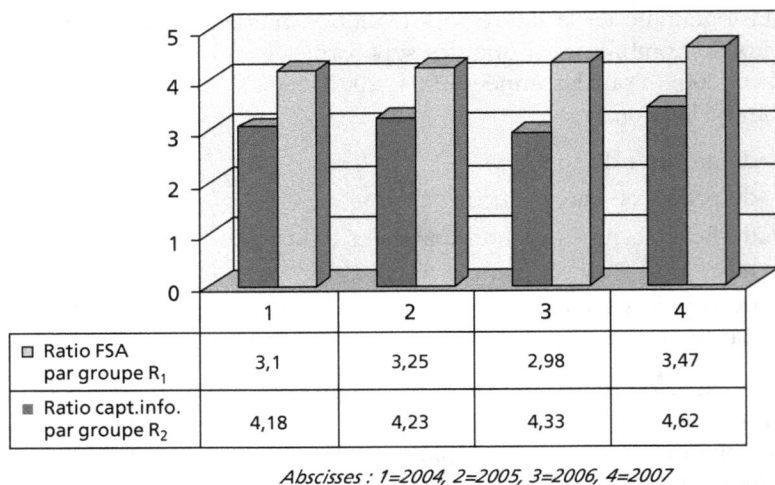

	1	2	3	4
▢ Ratio FSA par groupe R_1	3,1	3,25	2,98	3,47
▪ Ratio capt.info. par groupe R_2	4,18	4,23	4,33	4,62

Abscisses : 1=2004, 2=2005, 3=2006, 4=2007

Figure 37. Fonctionnement du tableau de bord 2 : évolution pluriannuelle des indicateurs de ratios (histogramme)

Tableau de bord de l'efficacité

En reprenant les indicateurs d'efficacité présentés dans le paragraphe 8.2, et en les classant par nature (nombres, ratios, taux), nous préparons l'entrée des données sur un tableur Excel :

* nombre annuel de brevets publiés en France, N_1 ;

- nombre annuel de ces brevets publiés en France également déposés dans les trois zones géographiques majeures, N_2 ;
- nombre annuel de licences vendues, N_3 ;
- nombre annuel de licences achetées, N_4 ;
- nombre annuel de licences échangées, N_5 ;
- effectif total (N_6)
- effectif R&D (N_7) ;
- ratio (dépenses R&D/CA) = R_1 ;
- ratio (effectif R&D/effectif total) = R_2 ;
- ratio $N_2/N_1 = R_3$ (R_3 sera toujours inférieur ou égal à 1). On peut considérer que ce ratio R_3 représente le coefficient d'internationalisation des brevets de l'entreprise ;
- ratio (nombre annuel de brevets nationaux publiés/effectif R&D) = R_4 ;
- taux annuel de variation de $N_1 = T_1$;
- taux annuel de variation de (N_2/N_1) = T_2.

La figure 38, « Tableau de bord d'efficacité », présente ces divers indicateurs.

Les représentations par histogrammes et courbes de ces divers éléments vont constituer, comme cette figure 38, des éléments du chapitre « Tableau de bord de l'efficacité ».

La figure 39 « Efficacité : protection du patrimoine, activités brevets » représente pour les quatre années de 2004 à 2007 :

- d'une part l'évolution des nombres de brevets publiés en France pour chacune de ces années, et celle des nombres de ces brevets publiés en France également déposés à l'étranger ;
- d'autre part l'évolution, pour les mêmes années, des taux T_1 et T_2 en pourcentage d'une année sur l'autre.

Ces histogrammes montrent l'évolution positive du nombre de brevets déposés en France. On partait de 78 brevets en 2003 (année non représentée sur les histogrammes) pour arriver à 97 en quatre ans, soit un accroissement de plus de 24 %. Pour les dépôts à l'étranger, l'évolution est encore plus sensible puisque l'on passe de 34 brevets en 2003 à 60 brevets en 2007, soit un bond de plus de 76 % en quatre ans. Ces chiffres sont significatifs de l'influence bénéfique de l'IE pour cette société qui l'a mise en place fin 2003.

Figure 38. Tableau de bord d'efficacité

	Indicateurs	2004	2005	2006	2007
Brevets FR publiés	N_1	81	86	94	97
Brevets FR déposés à l'étranger	N_2	36	43	52	60
Licences vendues	N_3	11	12	16	16
Licences achetées	N_4	9	8	10	8
Licences échangées	N_5	7	11	12	13
Effectif Total	N_6	18 200	17 600	17 300	17 200
Effectif R&D	N_7	1 180	1 190	1 170	1 190
Ratio R&D/CA	R_1	0,091	0,094	0,095	0,099
Effectif R&D/effectif total	R_2	0,065	0,068	0,068	0,069
Ratio N_2/N_1	R_3	0,44	0,5	0,57	0,62
Ratio N_1/effectif R&D	R_4	0,069	0,072	0,078	0,079
Variation % de N_1	T_1	3,8	6,2	5,8	6,6
Variation % de N_2/N_1	T_2	5,8	13,6	14	8,8

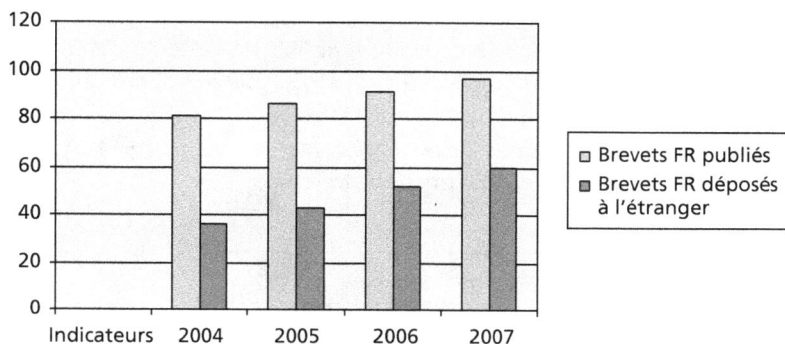

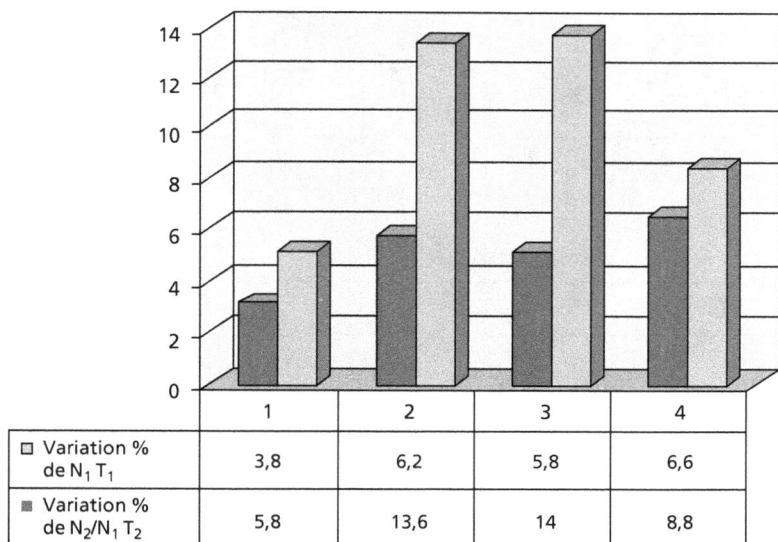

Abscisses : 1=2004, 2=2005, 3=2006, 4=2007

	1	2	3	4
☐ Variation % de $N_1 T_1$	3,8	6,2	5,8	6,6
▦ Variation % de $N_2/N_1 T_2$	5,8	13,6	14	8,8

Figure 39. Efficacité : protection du patrimoine, activités brevets

La figure 40, « Efficacité : activités de R&D », représente pour les quatre années de 2004 à 2007 :

- l'histogramme des ratios R_1, R_2 et R_4. Le ratio R_1 (dépenses R&D/ chiffre d'affaires) montre que l'effort en R&D dans l'entreprise ne se relâche pas malgré la diminution de l'effectif (indicateurs N_6 et N_7, figure 38). R_2 montre qu'entre 6 et 7 % de l'effectif de l'entreprise travaille en R&D. R_4 indique la croissance régulière du nombre de brevets déposés par personne ;

* la courbe qui est une façon différente de visualiser la pente d'accroissement de R_4 en fonction du temps.

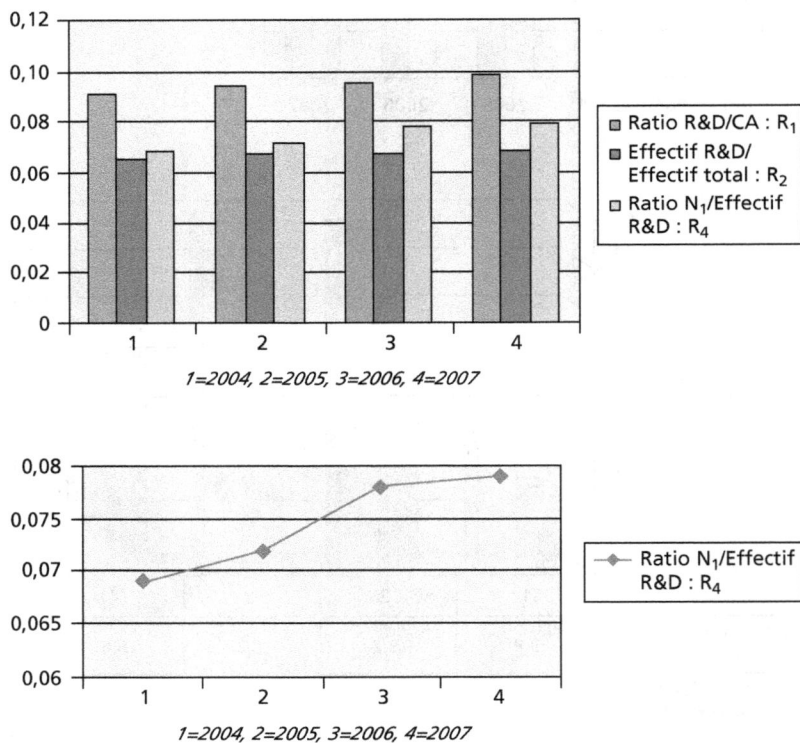

Figure 40. Efficacité : activités de R&D

La figure 41, « Efficacité : transferts de technologies », complète ces représentations graphiques en présentant l'histogramme des nombres annuels de licences vendues, achetées et échangées en 2004, 2005, 2006 et 2007. La tendance est l'accroissement des licences vendues comme des licences échangées et une certaine stabilité des licences achetées. Au total, l'activité « Transfert de technologies » est plutôt en croissance.

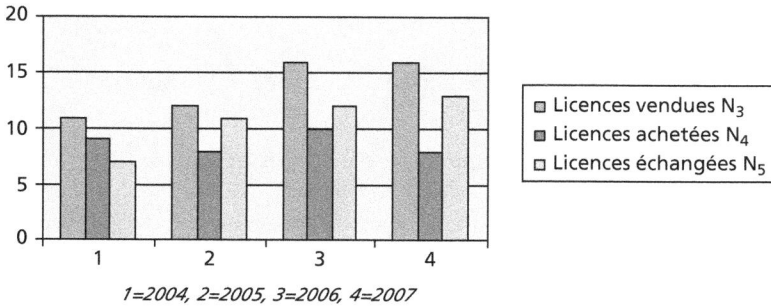

1=2004, 2=2005, 3=2006, 4=2007

Figure 41. Efficacité : transferts de technologies

8.5 BÂTIR SON PROPRE TABLEAU DE BORD

Le tableau de bord, tel que nous l'avons décrit, comporte la composante fonctionnement et la composante efficacité.

Il représente un exemple de ce qui peut être fait, de ce qui doit être fait pour le pilotage de l'intelligence économique. En vous en inspirant, vous devez bâtir votre propre dispositif, sur mesure.

Vous devrez sans doute créer d'autres indicateurs. Pour cela, le paragraphe 8.2 et la figure 30 sur les caractéristiques des indicateurs doivent vous aider.

Vous serez peut-être conduit à perfectionner le dispositif d'alerte (simplement évoqué pour le ratio FSA par groupe d'experts). Pour cela, Excel propose la création de fonctions logiques et de filtres. Vous pouvez ainsi créer un filtre personnalisé pour extraire les enregistrements d'indicateurs détectant une valeur anormale. Cela permet d'activer une des fonctions d'alerte de la figure 30 : avertisseur, clignotant, alarme.

Vous devrez peut-être améliorer votre connaissance des tableaux de bord. Pour cela, les références déjà citées (18), (19) et (21) peuvent être complétées par la norme Afnor FD X 50-171 de juin 2000, *Système de management de la qualité. Indicateurs et tableaux de bord* (24).

8.6 EXTENSION DU TABLEAU DE BORD

Constater l'effet positif de l'intelligence économique sur les activités brevets, R&D et transferts de technologies est une bonne chose, mais est-ce suffisant ?

Non. En ce qui concerne l'efficacité, il importe de raisonner en relatif, par rapport à ce que font les autres, nos concurrents.

Il est donc tout à fait recommandé d'élaborer un tableau comparatif d'efficacité de nos résultats et de ceux des trois ou quatre concurrents majeurs. Ce tableau comparatif devra prendre en compte les divers indicateurs : nombres, ratios, taux qui apparaissent dans la figure 38.

A-t-on accès à ces indicateurs relatifs aux concurrents ? Peut-être pas à tous. Il n'y a pas de problèmes pour les nombres N_1, N_2, N_6 et N_7. Ce sera plus difficile pour les licences N_3, N_4 et N_5. Difficile mais pas impossible, en respectant bien sûr scrupuleusement nos règles d'éthique et de déontologie, comme nous l'avons bien précisé à plusieurs reprises. Pas de problème par contre pour les ratios R_1, R_2, R_3 et R_4, calculables à partir de données publiées et accessibles.

Vers le benchmarking

La création de ce tableau comparatif de l'évolution de nos concurrents nous conduit à réfléchir à la possibilité d'extension de l'intelligence économique vers le benchmarking, évolution que nous prônons dans nos ouvrages (3) et (23), comme dans nos cours en particulier à l'EEIE, l'École européenne d'intelligence économique, créée à Versailles en octobre 2006.

Intelligence économique et benchmarking sont liés car la parfaite connaissance de son environnement concurrentiel apportée par l'IE est un préalable essentiel de toute démarche de benchmarking.

Le benchmarking est une méthode d'étalonnage concurrentiel très utile dans la compétition économique. Nous avons toujours considéré qu'il était indispensable pour les spécialistes de l'intelligence économique d'en posséder les éléments de base. On les trouvera dans l'ouvrage de référence américain de Robert C. Camp (25).

Il faut bien comprendre que si l'analyse concurrentielle, sœur jumelle de la veille concurrentielle, a pour objectif principal l'analyse des stratégies des concurrents, le **benchmarking va plus loin et se propose d'analyser ce que font les meilleurs, pourquoi, et avec quels résultats.** Les deux approches sont manifestement complémentaires et nous comprenons pourquoi il convient de considérer le benchmarking comme une évolution logique de la veille concurrentielle, vers un usage dynamique de l'information.

Parmi les trois formes de benchmarking existantes[1] (3), c'est le **benchmarking des concurrents directs ou** benchmarking concurrentiel qui nous concerne ici. Il est destiné à connaître les avantages comparatifs des concurrents les plus sérieux. Mais il faut mentionner les difficultés d'obtention d'informations sur les méthodes des concurrents directs : ces éléments sont la propriété de l'entreprise et certains forment la base de son avantage concurrentiel. Il faut employer la bonne approche et essayer de négocier l'échange d'informations en montrant ce que cela apporte à chacune des deux parties. Le système semble assez bien fonctionner aux États-Unis. En France, cela est plus difficile car nous n'avons pas la même philosophie de l'information, et souvent même un amour prononcé pour le secret de Polichinelle et la rétention d'information (3).

Si les sociétés que l'on veut « benchmarker » ne veulent pas entendre parler de la moindre coopération, du moindre échange d'informations, il est nécessaire de se lancer dans le benchmarking non-coopératif avec les précautions que cela implique.

Il faut tenter d'obtenir les informations souhaitées à partir des publications, des rapports annuels, des salons, colloques, expositions, interviews, enquêtes. Bien entendu, il est impératif de respecter les règles d'éthique et de déontologie pour ne pas tomber dans l'espionnage économique, exactement comme dans toute autre opération d'intelligence économique et de collecte et exploitation de renseignements.

L'entreprise peut fort bien ne pas se limiter au benchmarking de ses concurrents et réaliser le benchmarking de l'intelligence économique des pays leaders de l'économie mondiale, en particulier des États-Unis (nous y revenons brièvement dans notre conclusion). Elle peut aller plus loin encore en couplant **l'intelligence économique qui vise**

---

1. Benchmarking interne, benchmarking concurrentiel et benchmarking générique.

l'**amélioration de la compétitivité**, avec la créativité et l'innovation qui **lui sont liées.** L'innovation permanente est un garant du maintien et de l'amélioration de la compétitivité d'une entreprise, c'est pourquoi nous proposons son couplage avec l'IE dans deux de nos derniers livres (3)(23).

Pour terminer, nous devons signaler, pour l'avoir constaté à plusieurs reprises, que le concept de benchmarking est mieux compris par les chefs d'entreprise que celui d'intelligence économique et que l'on a intérêt parfois à proposer le « package » benchmarking plus IE.

Synthèse

C'est un chapitre clé pour le pilotage d'un dispositif d'intelligence économique car il apporte des moyens de mesure ou d'estimation du fonctionnement et de l'efficacité du système.

La batterie d'indicateurs proposée représente un outil essentiel, mais perfectible et évolutif.

Le tableau de bord est la suite logique de la feuille de route qu'il complète par des mesures importantes et une présentation facilitant les décisions stratégiques.

LES OUTILS

- Indicateurs de fonctionnement (8.3).
- Indicateurs d'efficacité (8.3).
- Tableaux de bord (8.4).

Conclusion

« Ce qu'il nous faut c'est un état d'esprit d'enthousiasme mais calme, et une activité intense mais bien ordonnée. »

MAO ZEDONG

Ce livre est un témoignage, un guide qui a été expérimenté et mis à jour mais qu'il convient, je le répète encore, d'adapter à ses propres besoins et objectifs. Ceci étant dit, je pense que quelques remarques et conseils vous seront utiles. Je vais les formuler brièvement, ce qui est tout à fait conforme à l'esprit du livre car rappelons-nous l'objectif que nous nous sommes fixés en introduction.

C'était proposer un ouvrage répondant à la question : « **Je veux mettre en place un dispositif d'intelligence économique, puis le faire fonctionner, comment dois-je procéder ?** »

J'espère avoir présenté les techniques, l'implantation, le pilotage de l'intelligence économique donnant des réponses à cette interrogation.

Pour m'en assurer et pour vous aider à avoir une meilleure compréhension de ce que nous avons vu, je pense que cette question de départ doit être précisée par des questions clés qu'il importe de se poser :

- comment utiliser au mieux les techniques et outils d'intelligence économique présentés dans cet ouvrage ?
- peut-on améliorer tel ou tel outil proposé ? Si oui, comment ?
- a-t-on intérêt à s'orienter vers le benchmarking ?
- comment élargir ce management de l'information à l'ensemble de l'intelligence économique ?
- en complément de ce livre, quels organismes peuvent nous aider ?

Répondre à chacune de ces questions permet de bien mettre en œuvre les éléments de mise en application présentés, en tenant compte de la réalité et de ses contraintes.

Utiliser aux mieux les techniques et outils

C'est à vous qu'il appartient, en fouillant dans la boîte à outils, de retenir ceux qui vous conviennent car vous ne devez pas vous croire obligés de tous les utiliser.

Les figures 25 et 26 peuvent vous être utiles pour ce tri car elles donnent une récapitulation des outils relatifs aux trois grandes divisions du livre :

* les techniques ;
* l'implantation ;
* le pilotage.

L'examen de ces récapitulatifs (regroupés dans une liste unique en annexe) doit vous permettre de choisir, de déterminer les outils qui vous sont le plus utiles, ceux qu'il convient d'affûter, ceux qui ne vous concernent pas.

Peut-on améliorer tel ou tel outil proposé ? Si oui, comment ?

Tout est évolutif et perfectible. Vous trouverez des outils assez faciles à utiliser, d'autres qui vous paraîtront superflus, d'autres que vous estimerez triviaux, d'autres trop complexes peut-être, d'autres, enfin, qu'il vous faudra affiner pour qu'ils coïncident avec vos besoins.

Parmi ceux que vous jugerez trop complexes, vous classerez peut-être le logiciel MS Project. Il est pourtant extrêmement utile pour le chef de projet qui, après quelques dizaines d'heures d'apprentissage, connaîtra parfaitement tous les arcanes du dispositif d'IE grâce à cet outil. C'est une partie très technique du livre, assez difficile à assimiler, mais fort importante car celui qui la maîtrise gagne beaucoup en professionnalisme et en compétence.

Comme exemple d'affinage possible, nous pouvons avoir les fiches fournisseurs et les fiches concurrents mentionnées en 7.2 dans le paragraphe « Second exemple de feuille de route : cas d'une TPE ou d'une PE ». Ces fiches sont très utiles à condition d'être régulièrement mises à jour. Pour cela, il peut être envisagé de créer un profil de surveillance systématique, soit pour chaque fournisseur ou client, soit par regroupement de plusieurs d'entre eux. Si cela s'avère utile, on peut aussi créer des fiches clients ou des fiches sous-traitants selon les mêmes principes.

S'orienter vers le benchmarking ? Qualité et intelligence économique

Entendons-nous bien, avant de se lancer dans l'extension de l'intelligence économique vers le benchmarking, extension que je suggère dans le dernier chapitre, il faut d'abord que le dispositif d'IE tel que nous l'avons présenté fonctionne et prouve son efficacité. Mais cela ne vous empêche pas de commencer à cogiter sur cette question pour être prêt à un nouveau bond en avant.

Personnellement, je recommande de vous orienter vers l'étalonnage concurrentiel vis-à-vis des meilleures entreprises de votre secteur d'activité : utiliser certains indicateurs pour vous comparer à elles d'abord, essayer de voir ensuite pourquoi elles sont les meilleures, et quels efforts elles font pour se maintenir dans le peloton de tête. Ce peut être une démarche pilotée par des qualiticiens, qui peuvent d'ailleurs vous aider à créer une intelligence économique la meilleure possible, même si votre directeur général n'est pas tenté au départ par une aventure benchmarking.

L'American Productivity and Quality Center (APQC) a fort bien compris le lien entre « Competitive Intelligence » et « quality » puisqu'elle propose les « Best Practices in CI » sous forme de neuf préceptes et cinq recommandations complémentaires. J'ai présenté cet ensemble dans la référence (3), page 234. On retiendra deux préceptes. Il convient :

- d'avoir des infrastructures d'intelligence économique stables mais évolutives. Le fichier QFQ, outil du paragraphe 5.3, est là pour piloter ces évolutions ;
- de fonctionner en réseaux décentralisés mais coordonnés.

Il est bon de retenir également les deux premières recommandations complémentaires :

- d'abord bien établir le processus de mise en place précisant comment le chef de projet opérera. C'est ce que nous avons fait dans le chapitre 6, paragraphes 6.3 à 6.5, en détaillant et illustrant la gestion du projet IE ;

* bien définir les rôles et les responsabilités de chacun. Le fichier QFQ permet d'avoir ces éléments sous contrôle.

Comment élargir le management de l'information à l'ensemble de l'intelligence économique ?

Comme indiqué dès l'introduction, nous nous sommes limités dans ce livre au pôle 3 du référentiel. Pour l'entreprise qui veut couvrir toute l'intelligence économique, il est indispensable, après avoir bien pris connaissance des pôles 1 et 2, de traiter et d'intégrer dans le dispositif d'IE les pôles 4 et 5, c'est à dire :

* protection et défense du patrimoine informationnel et des connaissances ;
* influence et contre-influence.

Le premier de ces thèmes a été abordé succinctement dans le paragraphe 4.7, sur l'aspect de la diffusion. Nous avons précisé qu'il y a lieu de considérer la sécurisation des échanges avec professionnalisme. Nous avons indiqué les organismes officiels et privés auxquels il convenait de faire appel. Mais il est vivement conseillé d'approfondir et de chercher ce qui existe dans les publications relatives à l'IE traitant cet aspect de la question. Une recherche utilisant Google ou Exalead peut convenir ainsi qu'une interrogation d'Amazon.fr. Le livre de Thibault Du Manoir de Juaye est une référence à retenir (26), *Le droit pour dynamiser votre business. Stratégie judiciaire, stratégie de protection du patrimoine, stratégie d'alliances et de pouvoir.*

Pour le second thème, l'influence, le lobbying et la contre-influence, il faut opérer de la même façon et rechercher les ouvrages spécialisés récents. Une recherche sur Amazon.fr, si l'on utilise « lobbying » comme descripteur d'entrée, fournit un certain nombre d'informations intéressantes comme, par exemple, la référence (27) qui concerne nécessairement les spécialistes IE.

Christian Harbulot et Ludovic François, tous deux membres de la commission Juillet (4), ont publié des articles et des livres sur ce thème (28) (29).

Nous vous recommandons vivement d'effectuer des recherches complémentaires sur les publications de ces deux auteurs qui font autorité dans ces domaines et dans le domaine du pôle 1, la géopolitique.

En complément de ce livre, quels organismes peuvent nous aider ?

Si les groupes ou entreprises à fort effectif peuvent sans trop de difficultés mettre en place un dispositif complet d'intelligence économique en utilisant les techniques et outils que nous avons présentés, la chose sera plus difficile pour les entreprises moyennes et *a fortiori* pour celles de petite taille.

Il faut alors, pour certaines parties de l'IE, faire appel à des organismes officiels ou privés.

Le MINEFI a créé en 2006 un service de coordination à l'intelligence économique. Cyril Bouyeure, coordonnateur ministériel à l'intelligence économique, responsable de ce service, est un haut fonctionnaire spécialisé dans les questions internationales. Ce service compte une quarantaine d'agents dont vingt-trois correspondants basés dans chacune des trésoreries générales de région, les chargés de mission régionaux à l'intelligence économique (CRIE), organisés en réseau (30). (Les CRIE remplacent les CMDE, chargés de mission en défense économique.) Le rôle de ces CRIE est de promouvoir l'intelligence économique par des actions de sensibilisation et de formation. Placés sur le terrain, à l'écoute des PME, ils développent l'information et la sensibilisation à l'intelligence économique proactive – et pas seulement défensive et sécuritaire –, et engagent un effort particulier sur les pôles de compétitivité. Ils travaillent en liaison étroite avec les régions, les CRCI, les CCI.

Au sein des chambres régionales de commerce et d'industrie (CRCI), les agences régionales d'information scientifique et technologique (ARIST) jouent un rôle moteur. Elles ont organisé dans plusieurs régions des opérations pilotes, aussi bien en veille technologique qu'en intelligence économique.

Les CCI des métropoles importantes développent également des actions en faveur des PME/PMI avec l'aide et les conseils de l'Assemblée française des chambres de commerce et d'industrie (AFCCI).

Au niveau du privé, des cabinets de consultants, des organismes proposent des services de veille ou d'expertise et peuvent donc répondre aux besoins de recherche d'information, voire de validation et synthèse.

Nous recommandons la consultation de l'*Annuaire 2008 des acteurs de l'intelligence économique* (12) pour savoir à quel organisme ou spécialiste s'adresser si l'on éprouve le besoin de se faire aider pour l'une ou l'autre des actions constitutives de l'IE. On trouve, pages 47 à 92, les acteurs de l'intelligence économique classés en douze catégories distinctes correspondant à tous les aspects de l'intelligence économique :

- formateur en IE ;
- veilleur ;
- analyste ;
- auditeur en IE ;
- consultant en IE ;
- éditeur de logiciels d'IE ;
- directeur ou responsable d'IE ;
- délégué général à l'IE ;
- lobbyiste ;
- conseil en propriété industrielle ;
- professionnel de la sécurité physique ;
- professionnel de la sécurité informatique.

Ce classement fort pratique vous permettra d'accéder aisément à tel ou tel type de service dont vous avez besoin et de contacter les responsables correspondants. Insistons sur le rôle important joué en formation de spécialistes IE depuis plusieurs années par l'Institut des hautes études de la sécurité intérieure[1] (IHESI), par l'Institut des hautes études de la défense nationale (IHEDN), par l'École de guerre économique (EGE) de Marne-la-Vallée et, depuis fin 2006, par l'École européenne d'intelligence économique (EEIE) de Versailles.

---

1. L'INHES a remplacé l'Institut des hautes études de la sécurité intérieure (IHESI). C'est un établissement public administratif directement rattaché au cabinet du ministre de l'Intérieur.

Il convient d'ajouter que les associations regroupant des spécialistes français de l'intelligence économique jouent également un rôle important dans le développement de notre spécialité. Nous citerons parmi les plus importantes : SCIP France, Society of Competitive Intelligence Professionals, l'Association française pour le développement de l'intelligence économique[1] (AFDIE), l'Académie de l'intelligence économique, l'Institut français d'intelligence économique (IFIE) et, créée récemment, la Fédération des professionnels de l'intelligence économique (FéPIE).

Enfin, la consultation de revues spécialisées permet de se tenir au courant de l'évolution de notre discipline. Nous citerons « Regards sur l'intelligence économique » (RIE), « Veille magazine » et, plus en amont, les deux périodiques « Bases » et « Netsources » plus particulièrement utiles pour une bonne connaissance des sources, bases de données et Internet (Web, Web.2, Web invisible).

Vous voici maintenant en mesure de mettre en application les techniques, les méthodes de la partie de l'intelligence économique consacrée au management de l'information et des connaissances. Rappelons-le, elle comprend, outre l'implantation du système, la gestion (recherche, acquisition, diffusion), l'exploitation (analyse, validation, synthèse) et « la production des connaissances opérationnelles indispensables **à la prise de décision et au pilotage stratégique des organisations**, mais également des connaissances contextuelles » (4).

Soyez enthousiaste et organisé, opiniâtre et discret, et n'oubliez jamais que la qualité du travail en groupes, en réseaux, est déterminante pour la réussite de l'intelligence économique, en entreprise comme dans toute organisation. Cela suppose que l'enthousiasme communicatif s'accompagne d'une grande compétence à tous les niveaux des groupes et des réseaux, ce qui nécessite de prévoir des actions de formation et de remise à niveau permanentes. Malgré cela, vous aurez des échecs, des difficultés, sachez toujours rebondir et

---

1. L'AFDIE, très active, a publié en novembre 2004 un *Modèle d'intelligence économique* (31). C'est un manuel proposant une démarche pragmatique destinée à permettre « *à l'entreprise d'évaluer son niveau de maturité par rapport à ses objectifs, mais aussi de se comparer à ses concurrents sur des bases objectives* ».

gardez à l'esprit cette maxime de Marc Aurèle : « Habitue-toi à tout ce qui décourage », qui couplée à celle de Rainer Maria Rilke : « Il faut que les soucis restent frais », vous permettra d'avancer avec l'assurance tranquille des hommes d'action confirmés.

Bibliographie

(1)   Bernard Carayon, *Intelligence économique, compétitivité, cohésion sociale*, rapport au Premier ministre, La Documentation française, juillet 2003.

(2)   Henri Martre, Philippe Clerc, Christian Harbulot, *Intelligence économique et stratégie des entreprises*, rapport XIe plan (rapport Martre), La Documentation française, 1994.

(3)   François Jakobiak, *L'Intelligence économique, la comprendre, l'implanter, l'utiliser*, Éditions d'Organisation, 2e édition, 2006.

(4)   Collectif, commission consultative pour la formation à l'intelligence économique (commission Juillet), *Référentiel de formation en intelligence économique*, SGDN, Paris, 2005.

(5)   François Jakobiak, *Le pôle 3 est toujours d'actualité*, Regards sur l'IE, N° 24, janvier/février/mars 2008, pages 26-29.

(6)   Jean-Marie Chevalier, *L'Économie industrielle comme fondement de la stratégie d'entreprise*, Cahiers français, N° 275, mars/avril 1996, pages 8-14, La Documentation française.

(7)   François Jakobiak, *Maîtriser l'information critique*, Éditions d'Organisation, 1988.

(8)   Bruno Martinet, Yves-Michel Marti, *L'Intelligence économique, les yeux et les oreilles de l'entreprise*, Éditions d'Organisation, 1995.

(9)   Alain Schärlig, *Décider sur plusieurs critères. Panorama de l'aide à la décision multicritère*, Presses polytechniques et universitaires romandes, 1985.

(10) Collectif, *Technologies clés 2005*, secrétariat d'État à l'Industrie, Paris, 2000.

(11) Collectif, *Technologies clés 2010*, Secrétariat d'État à l'Industrie, Paris, 2006.

(12) Collectif, *Annuaire 2008 des acteurs de l'intelligence économique*, IFIE et Regards sur l'IE, 2008.

(13) Michel Besson, Yolaine Laloum, *Tout savoir sur vos partenaires*, Éditions d'Organisation, 2003.

(14) Bernard Besson, Jean-Claude Possin, *L'Audit d'intelligence économique. Mettre en place et optimiser un dispositif coordonné d'intelligence collective*, Dunod, 2e édition, 2002.

(15) Bonnie Biafore, *Microsoft Office Project pour l'entreprise. Gardez vos projets sur les rails !*, Microsoft Press, 2006. Traduction française de Georges Louis Kocher.

(16) François Jakobiak, *Veille stratégique et intelligence économique en Guadeloupe*, Veille magazine, décembre 2007/janvier 2008.

(17) Marcel Miñana, *Conduite de projet*, collection À savoir, Afnor, 2002.

(18) Collectif sous la direction de Gérard Balantzian, *Tableaux de bord. Pour diriger dans un contexte incertain*, Éditions d'Organisation, 2004.

(19) François Jakobiak, *Le pilotage des devenirs ambigus*, dans (18) pages 129 à 154, Éditions d'Organisation, 2005.

(20) Gérard Balantzian, *Concevoir une nouvelle feuille de route*, dans (18) pages 169 à 196, Éditions d'Organisation, 2005.

(21) Olivier Boutou, Laurent Lévêque, *Miniguide des indicateurs et tableaux de bord*, collection À savoir, Afnor, 2003.

(22) Bruno Martinet, Yves-Michel Marti, *L'Intelligence économique. Comment donner de la valeur concurrentielle à l'information*, Éditions d'Organisation, 1995, 2e édition 2001.

(23) François Jakobiak, *De l'idée au produit. Veille, R&D, marché*, Éditions d'Organisation, 2005.

(24) Collectif, norme Afnor FD X 50-171, *Système de management de la qualité. Indicateurs et tableaux de bord*, Afnor, 2000.

(25) Robert C. Camp, *Le Benchmarking*, Éditions d'Organisation, 1992. Traduit de l'américain par Marie Waquet.

(26) Thibault Du Manoir de Juaye, *Le Droit pour dynamiser votre business. Stratégie judiciaire, stratégie de protection du patrimoine, stratégie d'alliances et de pouvoir*, Éditions d'Organisation, 2006.

(27) Stéphane Desselas, *Un lobbying professionnel à visage découvert. Enquête sur l'influence des Français à Bruxelles*, Éditions du Palio, 2007.

(28) Collectif sous la direction de Ludovic François, *Business sous influence. Marchés financiers, ONG, marketers, États... qui manipule qui ?*, Éditions d'Organisation, 2004.

(29) Christian Harbulot, Didier Lucas, *Le Déploiement d'une politique d'influence*, chapitre de *Business sous influence* (28), Éditions d'Organisation, 2004.

(30) Collectif, *Le Temps de l'intelligence économique*, Cahiers industries, Industriels N° 121, mars 2007, pages 13-20, MINEFI.

(31) Bernard Besson, Dominique Fonvielle, Michel Fourez, Jean-Pierre Lionnet, Jean-Philippe Mousnier (AFDIE), *Modèle d'intelligence économique*, Économica, 2004.

Annexes

Récapitulation des outils cités

Par ordre chronologique d'apparition dans l'ouvrage, avec indication du paragraphe.

- Schéma d'arborescence des facteurs critiques (2.1).
- Matrice des priorités des sujets (2.1).
- Acquisition d'informations Internet (3.2).
- Formulaire capteur de renseignement (3.6).
- Plan de diffusion (4.5).
- Vecteurs de diffusion générale (4.6).
- Grille d'analyse (5.1).
- Logiciels d'analyse statistique (5.2).
- Fichier relationnel sociétés (5.3).
- Fichier QFQ (5.3).
- Plan de synthèse (5.5).
- Fiche synthèse-action (5.6 et figure 18).
- Base de connaissances (5.7).
- Fiches d'audit (6.1).
- Grilles de programme (6.2).
- Grille globale 5W-1H (6.2).
- Logiciel MS Project (6.5).
- Feuille de route (7.2).
- Fiche fournisseurs (7.2).
- Fiches concurrents (7.2).
- Indicateurs de fonctionnement (8.3).
- Indicateurs d'efficacité (8.3).
- Tableau de bord (8.4).

RÉCAPITULATION DES MOTS CLÉS

Les mots clés sont présentés en ordre alphabétique.

Intitulés	Paragraphes
Acquisition d'informations	3.1
Actions	6.3
Activités	6.3
Aide à la décision	5.6
Aide à la décision multicritère	2.1
Analyse d'ensemble	5.2
Analyse d'un document	5.1
Analyse multicritère	2.1
Analyse statistique	5.2
Approche 5W-1H	6.2
Approche atouts-attraits	2.2
Approche Boîte à outils	6.2
Approche Projet	6.2
Audit	6.1
Base de connaissances	5.7
Benchmarking concurrentiel	8.5
Bulletin interne	4.6
Chemin critique	6.4
Ciblage	4.5
Confidentialité	4.5
Collecte d'information	3.1
Compétitivité	1.3
Contre-influence	1.1
Corrélation	5.2

.../...

Intitulés	Paragraphes
Fiches concurrents	7.2
Fiches d'audit	6.1
Fiches fournisseurs	7.2
Fichier « Qui fait quoi (QFQ)? »	5.3
Fichier relationnel sociétés	5.3
Fils RSS	3.2
Flux RSS	3.2
Formes de diffusion	4.1
Formulaire capteur de renseignement	3.6
Formulation des questions	3.2
Gestion de connaissances (KM)	5.7
Gestion de projet	6.3
Grille de programme 5W-1H	7.2
Grille de programme des sources	7.2
Grille de validation	5.4
Grille globale 5W-1H	6.2
Grilles de programme	6.2
Groupware	5.7
IE d'entreprise	1.3
IE territoriale	1.2
Indicateurs conjoncturels	8.2
Indicateurs d'alerte	8.2
Indicateurs de fonctionnement	8.3
Indicateurs d'efficacité	8.3
Indicateurs économiques	8.2
Indicateurs structurels	8.2

Indicateurs (caractéristiques)	8.2
Indicateurs (format)	8.2
Indicateurs (forme)	8.2
Influence, lobbying	1.1
Information critique	2.1
Information de terrain	2.3
Information et connaissance	1.4
Information flash	4.3
Information informelle	2.3
Information publiée	2.4
Informations hors Internet	3.3
Informations Internet	3.2
Informations peu diffusées	3.4
Informations spécifiques	3.4
Innovation permanente	1.3
Intranet et KM	4.3
Knowledge management (KM)	4.3
Langage naturel	3.2
Listage des ressources	6.5
Logiciel de gestion	6.3
Logique booléenne	3.2
Management de l'IE	6.6
Matrice 9 × 9	7.2
Microsoft Project	6.4
Mise en relation experts	5.7
MS Project	6.5
Nature de l'information	2.3

.../...

Intitulés	Paragraphes
Outils relatifs aux techniques	6.6
PERT	6.3
Plan de diffusion	4.5
Plan de synthèse	5.5
Plan d'implantation	6.2
Planification de projet	6.3
Pôles de l'IE	1.1
Profil de surveillance	3.2
Projet	6.3
Protection et défense	1.1
Rapidité	4.3
Récapitulation pluriannuelle	8.4
Recherche automatisée	3.2
Recherche d'information	3.1
Référentiel de formation en IE	1.1
Réseau d'experts	4.2
Réseaux de diffusion	4.2
Réseaux de renseignements	3.6
Sécurisation des échanges	4.7
Sécurité informatique	4.7
Structure du livre	1.4
Surveillance	6.1
Surveillance systématique	2.4
Synthèse de documents	5.5
Tableau de bord (efficacité)	8.4
Tableau de bord (fonctionnement)	8.4

Tableau de bord général de l'IE	8.4
Tableau de bord (extension)	8.6
Tableau Excel	8.4
Tableur informatisé	7.3
Tâches	6.3
Technologies clés	2.2
Téléchargement	3.2
Types d'information	2.3
Urgence	4.3
Utilisation d'Intranet	5.7
Validation	5.4
Vecteurs de diffusion générale	4.6

SIGLES ET ABRÉVIATIONS

Les sigles et abréviations sont classés par ordre alphabétique.

ADIT   Agence pour le développement de l'information technologique.

AFCCI   Assemblée française des chambres de commerce et d'industrie.

AFDIE   Association française pour le développement de l'intelligence économique.

AFNOR   Agence française de normalisation.

APQC   American Productivity and Quality Center.

ARIST   Agence régionale de l'information scientifique et technologique.

BEIC   Bureau européen d'informations commerciales.

BIT   Bureau international du travail.

CATS   Conférence asynchrone télématique.

CCI   Chambre de commerce et d'industrie.

CERT   Computer Emergency Response Team.

CERTA   Centre d'expertise gouvernemental de réponse et de traitement des attaques informatiques.

CEO   Chief Executive Officer.

CESTI   Centre d'évaluation de la sécurité des technologies de l'information.

CIB   Classification internationale des brevets.

CLUSIF   Club de la sécurité des systèmes d'information français.

CMDE   Chargé de mission en défense économique (au MINEFI).

CNDS   Commission nationale de déontologie de la sécurité.

CPM   Critical Path Method.

CRCI   Chambre régionale de commerce et d'industrie.

CRIE   Chargé de mission régional à l'intelligence économique (au MINEFI).

CSF	Critical Success Factors.
DCSSI	Direction centrale de la sécurité des systèmes d'information.
DRH	Directeur (ou direction) des ressources humaines.
DSI	Diffusion sélective de l'information.
EEIE	École européenne d'intelligence économique (Versailles).
EGE	École de guerre économique (Marne-la-Vallée).
EXISTRAT®	Exploitation des informations stratégiques (marque déposée de F. Jakobiak).
FCS	Facteurs critiques de succès.
FDR	Feuille de route.
FéPIE	Fédération des professionnels de l'intelligence économique.
FIRST	Forum of Incident Response and Security Team.
FSA	Fiche synthèse-action.
IE	Intelligence économique.
IFIE	Institut français d'intelligence économique.
IHEDN	Institut des hautes études de défense nationale.
IHESI	Institut des hautes études de la sécurité intérieure (voir **INHES**).
IMI	Institut du management de l'information.
INHES	Institut national des hautes études de sécurité[1].
INSEE	Institut national des statistiques et des études économiques.
IP	Internet Protocol.
KM	Knowledge Management.

---

1. Comme indiqué plus haut, l'**Institut national des hautes études de sécurité** (INHES), successeur de l'Institut des hautes études de la sécurité intérieure (IHESI), est un établissement public administratif directement rattaché au cabinet du ministre de l'Intérieur.

MINEFI	Ministère de l'Économie, des finances et de l'industrie.
NTIC	Nouvelles technologies de l'Information et de la communication.
OCDE	Organisation pour la coopération et le développement économique.
OCDIE	Outil commun de développement pour l'intelligence économique.
OLED	Organic Light Emitting Diodes.
OSSIR	Observatoire de la sécurité des systèmes d'information et des réseaux.
PDM	Precedence Diagram Method. (Méthode des antécédents).
PE	Petite entreprise.
PERT	Program Evaluation and Review Technique.
PIB	Produit intérieur brut.
PME/PMI	Petites et moyennes entreprises, petites et moyennes industries.
PMI	Project Management Institute.
QFQ	Qui fait quoi ?
RéSIST	Réseaux et systèmes d'information sécurisés.
RSS	Really Simple Syndication (Fils ou flux RSS).
R&D	Recherche et développement.
SCIP France	Society of Competitive Intelligence Professionals France.
SGDN	Secrétariat général de la Défense nationale.
SYMEXIP®	Système modulaire d'exploitation des informations professionnelles (marque déposée de F. Jakobiak).
TPE	Très petite entreprise.
UE	Union européenne.
5W-1H	What ? Why ? Who ? When ? Where ? How ?

Table des figures